中国一线交易员访谈丛书

来自成功交易者的宝贵经验

交易员的自我修养

7

黄怡中 著

企业管理出版社
ENTERPRISE MANAGEMENT PUBLISHING HOUSE

图书在版编目（CIP）数据

交易员的自我修养：中国一线交易员访谈实录. 黄怡中 / 黄怡中著.
北京：企业管理出版社，2021.11
（中国顶级交易员访谈丛书）
ISBN 978-7-5164-2492-6

Ⅰ.①交… Ⅱ.①黄… Ⅲ.①金融投资—经验 Ⅳ.①F830.59
中国版本图书馆 CIP 数据核字（2021）第 179744 号

书　　名	交易员的自我修养：中国一线交易员访谈实录
书　　号	ISBN 978-7-5164-2492-6
作　　者	黄怡中
策　　划	李　坚
责任编辑	李　坚　张　楠
出版发行	企业管理出版社
经　　销	新华书店
地　　址	北京市海淀区紫竹院南路17号　邮编：100048
网　　址	http：//www.emph.cn　电子信箱：jiaoyiyuanfangtan@163.com
电　　话	编辑部（010）68414643　发行部（010）68701816
印　　刷	三河市东方印刷有限公司
版　　次	2022年1月第1版
印　　次	2022年1月第1次印刷
开　　本	147mm×210mm　1/32
印　　张	5.125印张
字　　数	80千字
定　　价	78.00元

版权所有　翻印必究·印装错误　负责调换

"证券交易,天下最彻头彻尾充满魔力的游戏。但是,这个游戏愚蠢的人不能玩,懒得动脑子的人不能玩,心理不健全的人不能玩,企图一夜暴富的冒险家不能玩。这些人一旦贸然卷入,到头来终究是一贫如洗!"

——杰西·利弗莫尔

交易,

是一场没有硝烟的战争,

是一种残酷的生存游戏。

别泡在经典理论里学习交易了,

跟我们一起,

到"战争"最前线去,

听听那些"老兵"血与火的经验教训,

学学一线交易员的生存之道。

丛书出版说明

相信读过不少投资交易类图书的读者朋友，对于国外出版的《金融怪杰》系列图书一定不陌生，该系列图书通过对各投资领域的投资者进行采访，给想了解这些人的交易理念和方法的读者一个难得的渠道。

但是，该系列图书存在两个问题：一是访谈不够深入的问题。由于时间和篇幅限制，许多内容浅尝辄止，难以深入挖掘一名投资者或交易员经历中真正能给人启发的东西。二是访谈对象均为境外投资者。国内投资市场经过几十年的发展，在向西方学习的同时，越来越体现出自己个性化的特征。国外的交易经验放到国内的投资土壤中，有时会存在水土不服的情况。而国内本土交易员的成长经历和交易方法，市面上公开的较少，依然活跃在市场一线的交易员的经验，更是极少传播。

基于以上原因，北京未满文化、"老徐话期权"团队一起，共同策划了这套丛书。访谈对象遍布股票、期货、期权各领域，不以名气论英雄，而看重真材实料。其中有神秘莫测的做市商，有大型金融公司的操盘手，有业绩显赫的私募老总，有名不见经传的民间高手，有独辟蹊径的交易怪才……这些投资者或交易者中，有的健谈，有的惜句如金，所以，这套书也厚度不一。但总体来说，我们希望每一本都是浓缩"干货"的书，不堆砌、不废话。

我们致力于通过十数年时间，遍访各领域高手，汇集成投资经验的饕餮盛宴，以飨读者。读者可以在对比阅读中各取所需，提取适合自己性格和经历的宝贵经验，站在巨人的肩膀上，尽快走向稳定盈利之路。

该丛书存在两个挑战，一是物色挑选活跃在一线的优秀投资者或交易员，并说服他接受采访，和大家分享他多年金钱堆积而积攒的宝贵经验；二是在与每位访谈对象有限的几天一对一访谈时间内，尽可能挖掘出其多年经验中可资借鉴的内容。不足之处，欢迎读者和各路高手批评指正。联系邮箱：jiaoyiyuanfangtan@163.com。也欢迎关注微信公众号"你想赚什么钱"（jiaoyiyuanfangtan），第一时间获取该套丛书的最新单品及交易员访谈视频。

丛书序

徐华康[1]

我们谁都没有超能力。

如果你走在北京或上海的街上问路人，是否有预测未来的能力，他们必定会投以奇怪的眼光说："你有病吧？是否应该去医院挂个号？"这个问题似乎不应该被正常地询问，因为我们没有超能力也不可能去预测不可知的未来。

在同样的时空下，你是否经常地买卖股票或其他标的资产，自信地预测价格的上涨或下跌？所有人都说无法预

---

[1] 徐华康，有着20多年交易经验的衍生品专家，微信公众号"老徐话期权"，曾出版《我当交易员的日子》《财富自由之路：ETF定投的七堂进阶课》《交易员的自我修养：中国顶级交易员访谈实录（徐华康）》等书。

测未来，言行却不一致，以为自己通过某个图形或消息就可以预测未来，达到获利的目的。

这是否很矛盾？

在投资上，我们需要在不确定的情况中寻找未来的确定性，通过种种不同的分析方法，用尽所有的努力去找可靠的讯息，只希望能让答案更清楚一点，达到稳定获利的目标。虽然没有预测未来的能力，但是有些人却能将这件事做得很好，获得巨大的成功，也有些人走了长长的弯路后取得了不错的成果。

我们希望能通过成功者的经验，缩短学习的过程，让投资交易的成功路径最短。但根据我多年的经验，某些事情偶尔发生也许会更好，毕竟有些道理是无法教的，直到吃到苦头才会真正学到。你会在书中发现，原来交易员或市场老手，大多都走过一样的路，受到相同的挫折；你可以看到，他们如何克服这些困境，才能在这漫长孤单的旅程中看到更好的风景。

我常常说，交易是一种选择，而不是运气。

在行情下跌的时候你可以选择持续持有或止损出场，

在行情上涨时，你也可以选择持有或获利了结，所有的决定权都在自己手上，但大多数人却将自己的错误选择归咎于运气。当你赚钱了，是天生英明神武的自己选择正确，亏钱的时候则是时不我与的运气不佳。我们应常常向外面的世界看看，那些过去做得比较好的交易员以及你的交易对手们都在怎么做这些事，为什么有些人总是做得比较好，面对错误的选择时，他们如何不让其变成一场灾难。

错误也是这场游戏的一部分。就如同查尔斯·艾利斯（Charles Ellis）在《投资艺术》（*Winning the Loser's Game*）一书中曾说到，在赢家的游戏中，结果取决于赢家正确的行动，在输家的游戏中，结果取决于输家所犯下的错误。而参与者众的投资市场中，你不用是巴菲特或索罗斯，也可以赚到钱，就如同你去参加一场德州扑克的牌局，就算同桌有世界冠军，你仍有可能赚到盆满钵满，只要同桌的菜鸟足够多。就如同投资本来就是一场输家的游戏，我们能够获得成功，不在于我们做得比巴菲特更好，在于我们犯了比市场上其他投资人更少的错，甚至不犯错。

专业投资人做正确的行动，而业余投资人不断犯下错误，而且他们并不知道错在哪里。当股市见顶或触底时，业余投资人最有可能犯下"非受迫性失误"，因为在每一个极度乐观或悲观的情况下，你不知道该怎么做。专业投资人会做出不一样的决定，别人不想要的，他们买进，别人渴望得到的，他们卖出，他们非常熟悉这场游戏的规则，也有自己的经验总结出的方法。你不用犯下所有的错就可以真正学到这些理念，这些正是这套丛书所要传达的。

进入市场交易绝对算得上是一种门槛最低的赚钱行为之一。投资交易访谈的书籍市面上也不算少，但绝大多数围绕国外名人或国内成名多年的基金经理及私募大佬，针对在第一线每天面对行情厮杀的中国顶尖交易员的访谈反而是少数，也许他们与你有更多的相似之处。你一定要仔细听一下这些交易员每次如何面对市场上必须的选择，因为能够吸取那些最棒的前辈已经用实践证明的洞见，绝对是到达成功交易的最短路径。

目　录

第一部分　我的交易之路……………………………001

其实只要进入这个市场，到现在我的认知就觉得，没有一件是坏事，赔钱也是好事，不做自营也是好事，只做销售也是好事。因为到最后我们每个人都会去做自己的资产管理，不管你是做私募，做公募，帮别人操盘也好，或是只为自己，像我现在只为自己的钱操作也好，前面的所有经验都是好事。这些经验对你现在该做什么事情，不该做什么事情，是一个过程非常充足的训练。

整个经济模型里面，最接近事实且最有效的是简单的模型，而不是复杂的模型，你把东西复杂化未必正确。复杂的东西你也可以说它是精确，但它反而是一个"精确的不正确"，而简单的东西是"不精确的正确"。我们所谓的大道至简，其实"至简"这个东西某种程度来讲是不精确，但正是因为它的不精确，所以它是正确的。

第二部分　交易系统……………………………077

　　要质变必须要有量变，有足够的量才会达到质变。质变之后要让其结果的有效性持续，也还是要有足够量的检验。所以至少到目前为止，我不会怀疑我的交易系统，因为我随时都在检验它。哪一天我发现哪边出问题了，那就是我开始动手改变这个系统里面东西的时候。

　　如果亏损是合理的，那表示是我该赔的，该赔一定是在你可以承受的风险下的该赔，那就让它去飘，因为总有一天它会飘回来。但在期货市场里面就没有这种"飘回来"的问题，所以我经常讲说期货市场是最无聊的，股票是最有乐趣的，因为股票会有飘回来的时候，但期货你等不到它飘回来，在它还没飘回来的时候，你已经死无葬身之地了，所以做期货就一定要非常理性和逻辑化，该止损就止损，该清仓就清仓，甚至还要有反手做多、反手做空的能力。

目 录

第三部分 交易与生活 111

以前在公司时,我的时间安排会偏向工作。现在因为完全在做自己的资金,相对来讲现在的安排就变得偏生活。做资产管理是必要的,但不是绝对的,顺序上生活排第一,工作即做资产管理排第二,所以我会花很多时间在上面,但是那也是生活,其实交易已经变成我生活的一部分,我的交易跟生活是没有办法分开的,你不能说这个就是生活,这个就是交易,对我来讲没有严格区分。

闲谈城市与自由 131

从财富自由到财务自由,到时间自由,再到精神自由,这四个自由有了,人生就不会遗憾了。

采访手记

"少不入蜀，老不出川"讲出了成都的安逸闲适。

在成都九月的阴雨天，我们和黄怡中老师初次见面，黄老师穿着整洁的蓝色衬衫和棕色皮鞋，风度翩翩，气质非凡。

在出版《一目均衡表》时已与黄老师有过线上的合作和交流，当时给人的印象是位严谨内敛经验丰富的投资者，这次见面相谈，感觉却颇为不同。

相谈甚欢时他拿出笔记本电脑，想用PPT详细给我们讲仓位管理的思路，过程中还一直贴心地问我们，今天赶飞机再听课会不会太辛苦。

他带着我们去吃地道的新派川菜，点完菜会问女士要不要加一份甜点。

因为我们是第一次来成都,他绞尽脑汁为我们规划工作之余最高效率的旅游路线。

在成都居住六年,他对当地美食美景如数家珍。

谈到他的投资,他目光坚定,炯炯有神,能看出来是真的热爱。

谈到家庭,他幸福地提起今天的服装都是夫人搭配的,他们很喜欢晚上去某条街上散步,因为那里是附近最安静的,鸟也是最多的。

享受工作,也在享受生活,他更是在访谈过程中一再强调,生活才是第一位的。

生活上有清晰的规划,朝着自己的目标一步步前进;又不会被束缚于规划,给自己留了充分灵活的空间。投资时不过分急躁,有等待利润展现的十足耐心;又不会过分安逸,有博取超额回报的蓬勃心志。生活与投资交融,互相影响,又互不影响,他让二者达到了十分奇妙的平衡。

茶社里花团锦簇,茶香袅袅,黄老师在镜头下侃侃而谈。

他的交易风格和交易哲学,是典型的长线趋势追踪,

采访手记

主要的盈利目标是趋势中段的利润，也就是常说的"掐头去尾吃鱼身"。围绕着这一交易风格在股票或ETF市场中的运用，他从择股开始，从价值投资的角度精选合适的公司或"赛道"，然后采用"一目均衡表"这一重量级的趋势追踪交易工具来进出场，并将基于价格运动斜率的量化增减仓策略融入其中，进行仓位管理。通过这一交易系统的"闭环"，来实现长期稳定盈利的目的。

资产管理中风格稳健，生活中不抽烟、不喝酒，作息规律，没有过多的消费欲望，在一般交易者看来，黄老师的生活和投资风格，应该是极为无趣的，没有金融圈的酒色财气，也没有一夜暴富的神话。但就是这种平淡到无趣的投资风格，或许才更为接近长期盈利的真谛。巴菲特年化20%的盈利曾长期被诸多交易界翘楚所鄙视，但拉长时间周期来看，却是神一般的存在；而那些"翘楚们"，或者"各领风骚三五年"，或者"眼见他起高楼，眼见他宴宾客，眼见他楼塌了"。

交易之路如何展开，交易系统如何构建，交易与生活的平衡之道，准备好了吗？跟我们一起走进黄老师的交易世界。

第一部分

我的交易之路

其实只要进入这个市场,到现在我的认知就觉得,没有一件是坏事,赔钱也是好事,不做自营也是好事,只做销售也是好事。因为到最后我们每个人都会去做自己的资产管理,不管你是做私募,做公募,帮别人操盘也好,或是只为自己,像我现在只为自己的钱操作也好,前面的所有经验都是好事。这些经验对你现在该做什么事情,不该做什么事情,是一个过程非常充足的训练。

整个经济模型里面,最接近事实且最有效的是简单的模型,而不是复杂的模型,你把东西复杂化未必正确。复杂的东西你也可以说它是精确,但它反而是一个"精确的不正确",而简单的东西是"不精确的正确"。我们所谓的大道至简,其实"至简"这个东西某种程度来讲是不精确,但正是因为它的不精确,所以它是正确的。

第一部分　我的交易之路

你读书时学的是什么专业？

本科读经济学，后来EMBA读风险管理，也算是在交易这一块。我的论文就是写编程，自己也设计了几个指标，然后做一些回测，用编程测试市场的走势跟逻辑，有点价格发现或是市场逻辑操作的模式。

读书期间有开始进入市场投资吗？

没有，因为那时候是学生，没有钱去做，但是上市公司的财务报表一直在看，交易相关的东西也都在学。那时候就是研究所谓的技术指标，一目均衡表在那个时候也已经开始接触了。

学生的时候，原作者的《一目均衡表》是四册，差不多要11万多日币，基本相当于我那时候打工半个月的薪水，所以买不下来。等我后来自己工作，稍微有点积蓄可以买的时候，它已经绝版了。

你现在有收藏吗？

没有，买不到了。但是原作者的孙子有在推广一目均衡表，在日本一目均衡表相关的书也很多，他孙子的书我都收藏了。

读书时就已经开始研究一目均衡表了？

对，但是只能到书店里面去站着看，虽然研究得很深入，但是没钱买。那时候跟现在最大的差别就是，你没有拿实际的钱去交易，永远都是纸上谈兵，但是那个梦想就一直在积累，我在计划未来要做什么。

第一部分　我的交易之路

大学毕业之后，正式进入交易这行之前，从事过别的职业吗？

做过两个月的贸易。因为从日本留学回国以后，就想先做跟日文相关的工作，其中最简单的就是贸易，当时中国跟日本的贸易往来很频繁，像现在也是一样，所以懂日文的贸易人才很缺。可是做了一两个月之后就觉得没感觉，只是每天去工厂报价而已。后来看到有日本的期货公司在招人，我就去应聘期货公司的职位，因为在日本读大学懂日文，所以很快入职了。从那时候开始我才正式地进入金融市场，但是在那之前我已经准备了好几年。

在日本读书时没有想过在那边工作？

有啊，我还没考上经济学的时候，最早想的是在日本读哲学，甚至读到博士，然后在日本教哲学，当时就

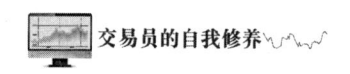

是想要过这样的日子。

最终没有选择哲学而选择经济学是因为什么？

因为先考上了经济学。那时候考试要备案，虽说我最想考哲学，但别的也能报名，能考的先考，结果先考上了独协大学的经济学。独协大学以前是一个德国学校，"二战"之后就变成日本的，它包括经济、医学等专业，我考上经济学就把学费交了，然后读哲学的想法就没有了。

当时作为一个高中生，是因为什么开始对哲学感兴趣？

纯粹是爱想东想西。我当过四年半的兵，当时我的位置是行政工作，所以在部队里面时间相对多，然后我就看书，从看散文到看小说，像金庸、三毛的书都看了很多，后来没得看了，就开始看哲学的书。因为觉得哲

第一部分　我的交易之路

学书看得比较舒服，然后就开始看东方哲学的书跟西方哲学的书，就这样踏进了哲学圈的门。

部队期间的生活对你的性格塑造和以后做交易有一些潜移默化的影响吗？

自律。因为在部队你也知道，说一就是一，长官讲什么你就一定要照做，想干嘛不想干嘛都没得选，你想找理由找借口去溜班或干嘛，几乎没有那个机会。

这四年多下来的训练，以及跟本身个性也有关系，像我是白羊座，有自律性，喜欢按照一定步骤有计划地做事情，这样我是比较舒服的。我比较少去做那种没计划的事情，虽然偶尔也会脱离一下轨道，或者在这个轨道上会想要去做一些别的事情，但是最终还是会回到正常轨道上面去。刚好在部队里面又是这种训练，所以其实我在部队还蛮如鱼得水。我觉得自律以及按照计划行事在交易上非常重要，从20岁出头我就开始训练这种按照计划行事的个性或生活模式，直接进入到交易的时候就完全匹配。

比较少经历阵痛期？

说实在的，我的阵痛期都是在我可以忍受的范围内。虽然有时候我去跟人家讲，我可能有这个失败那个失败，可是整体来讲，这些失败都是我可以承受的。

我最大的失败是多年前做期货，中午出去吃个饭回来，就把我差不多半个月还是一个月的薪水赔掉了。那时候还刚刚毕业没多久，输那么多钱，反正那时候对我来讲是很痛的一件事情。

从那个时候我就开始知道风险管理的重要性，这就是为什么我在读EMBA的时候要去读风险管理。

第一部分 我的交易之路

真正开始实盘交易是在你进入期货公司之后？

对。最先开始的前三四年都还是做销售跟研究，不是一开始就做交易，这之后才做自营。做研究的时候就分析市场，写研究报告，类似分析师的工作。

那时候做交易是自己的钱，到自营的时候才不再用自己的钱。

销售跟研究这两类工作，对你后来做交易，更多的是好的方面的作用还是不好的方面？

好的方面。其实只要进入这个市场，到现在我的认知就觉得，没有一件是坏事，赔钱也是好事，不做自营也是好事，只做销售也是好事。为什么这样说？

因为到最后我们每个人都会去做自己的资产管理，不管你是帮别人，做私募，做公募，帮别人操盘也好，或是只为自己，像我现在只为自己的钱操作也好，前面的所有经验都是好事。这些经验对你现在该做什么事情，不该做什么事情，是一个过程非常充足的训练，比如说你以前只做后台，没做过中台，甚至没有做过前台，甚至没做过交易，其实这都是好事。现在金融行业里面有证券、银行、投行、保险、基金公司、期货公司、公募私募这些，我现在的经历除了保险公司没有待过，其他所有公司都待过，前中后台的工作我也都做过，虽说后台的东西只是碰一下而已，没什么太大的了解，但是因为你做中台，对后台也是了解的，你做前台，你对中后台那就更了解。所以这些经验对一个交易者，或对一个资产管理者，甚至投资经理，其实非常重要。像现在有很多人一开始就进入操盘的工作，有人说好，但从长远的角度来看，我倒觉得不是很好，原因在于你对这个市场前中后台所有的流程，没有一定的训练或没有一定的经历，你对你这一笔交易，为什么形成这一笔交易，为什么做这笔交易的深刻程度是不一样的。

　　像我现在下一笔单，我就能联想到后台会做什么，

第一部分 我的交易之路

前台会做什么，我这边会做什么，我这边持有的仓位未来会发生什么事情，比如我亏损过大，人家会来跟我追缴保证金，到时候后台会做什么动作，中台会做什么动作，我自己应该做什么动作，或者说当我出现亏损的时候，我要怎么样赶快止损，不会去触发后台跟中台的动作，这些想象和连贯性，都在我脑子里面。而没经历过这些过程你是没有这种思虑的，既然没有这个思虑，你可能只是想我不想赔钱，所以就一直拿着，一直扛着，扛到最后。

所以一个没有前中后台经验的交易者或投资经理，其实倒不是他技术好不好的风险，最根本的风险是他对这个市场没有很好的经验跟资历而产生所谓的内在的风险。一个交易员或投资经理有内在风险跟外在风险，内在风险就是你的经验不够。很多人喜欢把交易当成武功来描述，你的内功都不行，你的外功再厉害，那也只是一种形象和技巧而已，必须要你的外功跟内功结合起来，但那也只能让你具备生存能力而已，并不是从此就天下无敌了。但你至少要懂得自保，有了自保能力之后你才会去谈怎么样去建功立业，我觉得这个过程是非常重要的。所以我觉得要训练一个交易员，要训练一个投资经理，就是要让他去经历这些东西。我不期望一个交易员或投资者一开始就做交易，我希望他到各部门去历练一段时间，可能一年或两年，历练完之后知道整个流程，再来做交易。

你个人开始做交易之前，有没有认真做过哪些准备？

看书。因为那时候国内写的书也没什么有帮助的，我看的几乎都是国外翻译的。我也很建议朋友或者同事，先看国外的这些交易者或者投资经理写的书，因为他们是积累了前人一两百年的经验，然后才开始写的这些书，或者是他认为这样的一个交易方式、交易思维或交易策略是有效的，然后把书写出来。你去看他的东西，可能是在看欧美国家过去一两百年的资本市场历史所传承积累的经验。国内作者写的东西太本地化，太本地化就变成你只会在本地的范围内去思考去操作，那就不是一个最优的选择了，我个人觉得不是最优的选择。所以有国外经验的前提下，再去看国内作者的书，其实这是最理想的。

还是要有一种全球化的思维？

一定要有。一个交易员或投资经理如果没有全球化的思维就很容易做短线，也就是说他没有投资组合的概念，他无法想象什么是投资组合，既然他没有办法想象投资组合是什么概念，说极端一点他就永远只能做小资金。比如说大家经常听，某个私募的冠军或公募的冠军，他管理的规模可能就是几千万或几个亿，做得非常好，但一下子给他10倍的资金，甚至100倍的资金，他可能就垮了。所以我经常跟交易员和同事讲，想操作1000万的资金，你必须具备操作3000万资金的能力，你

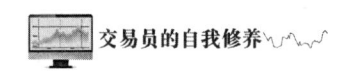

都已经有操作3000万资金的能力了，现在给你1000万，你的成功率应该很高，赚钱的这种条件应该很高，至少比别人更高。

交易员管的资金规模一定要小于他的能力，这是培养交易员跟投资经理很重要的一个过程，也是一种保护机制。但是现在很多人不一样，他的实力只有100万，但是做了1000万的资金，所以他就容易失败。这就是我们经常看到的，去年的冠军不是今年的冠军。我们希望交易员和投资经理能够长长久久地活下去，持续地赚钱，这是一个永续经营的概念。所以懂交易跟不懂交易的老板对交易员有很大的影响力。

你当时刚入行的时候，公司有没有过一些系统培训？

那时候市场刚开放而已，我都是自己训练，我在很多场合都在强调要自我训练。你期待别人帮你训练，有那个机会是最理想的，但是最终还是得靠自己。

第一部分　我的交易之路

如果我当老板，我弄了一家私募公司，我下面有好几个交易员，有投资经理，我知道怎么让他们有效地去做培养的动作和训练的动作，但是我觉得不一定现在所有有钱的老板他们都知道，甚至他们自己都喜欢做短线，他哪受得了做长线的人。但是对我来讲，我是短线的策略跟长线的策略都有，用哪个要看当下资金的属性，比如你的资金属性是最终不能赔钱，那么你的策略一定是保守的策略，你不会用积极的策略去做。

简单跟我们谈一下，你入行后交易职业生涯的轮廓。

轮廓的话，刚才提到了先做销售跟研究，其实我最早做的是自营部的交易员，也就是下单员，我那时候在日企上班，销售也是在日企，做研究的时候才到本土的期货公司。再后来到另外一家公司做研究，因为那时候自营部缺人，我又过去做了交易员。所以其实这中间还

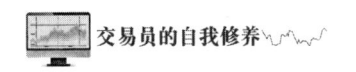

有四五年的转折,说实在的,刚开始做自营交易做得并不好。

一开始接触交易的时候资金量多大?

太久了,具体数字记不太清,之前资金很少,应该比百万或千万级别的还要少。

后来又到了私募,这中间经历了几年的时间?

我是2008年才到私募——中国台湾地区第一档期货私募基金,我就是那时候的基金经理人。

期货私募真的很少。

对。其实台湾地区的立法过程是这样的,它当时就已经有证券跟期货公司,然后有证券的自营部,期货的自营部，后来开放CTA，当时各个公司大显身手都要成立，那时候宝来期货——我想可能很多人都知道——成立了一家私募公司，叫宝富，我就是投资经理。刚开始管理规模很小，后来资金其实也都不大，但是因为期货是有杠杆的，算的时候我们都是算杠杆的可用资金，最后我离开之前的可用资金大概是20亿人民币。

你一开始做交易的时候，当时的交易风格是什么？

都是从短线走过来的，但后来我发现短线不大适合我的个性，因为我觉得太累了，这也跟每个人的个性有关。赚钱那么辛苦，我觉得有点不对头，也不是说轻松赚钱，我在想什么样的方式下才能够提高赚钱的性价比，做短线赚钱的性价比太低了。比如说你的时间被绑着，行情开盘之后的涨跌，你整个精神的那种压力，方方面面，就是说你付出的跟你得到的有时候并不匹配。因为刚开始做的时候，技巧技术都是不好的，所以很容易赔钱，但赔钱又不符合自己个性，然后就开始寻找其他的方法和策略。

那时候我才开始进入到写程序，用量化的手段去做交易。也因为我那时候在搞量化，在1997年学的量化编程，然后在2004年写了一本量化的书，就是我的第一本书《交易，简单最好》。当然从我现在的角度来看，那是很简单的量化，但是在当时可以说是第一次有本土作者写量化，所以大家算是有点知道这个书，后来也是因为这样，宝来期货找我去当投资经理，因为那时候要搞量化，跟英国合作。

在CTA那边大概做了多久？

三年半左右。从入职宝来到结束大概将近五年，因为公司成立的时候还没有开始做交易，还是有一个筹备的阶段，我2008年进入，到2013年结束才离开，然后中间掐头去尾，大概总共看了三年半英国合作方CTA实盘操作的仓位，所以有将近一年的时间在筹备，我刚进去的时候也算是在筹备的状态，参与了整个公司的运作，但是现在这家公司已经结束了，被合并了。

看了三年半实盘仓位的过程，应该是入行以来对你来说一个很重要的转变？

对，印象很深。因为我们那时候在交易，有交易经验，然后又在做量化，也测了非常多的策略，所以我经常跟朋友讲，弄上千个策略是很简单的事情，因为量化的东西机器会帮你做，只要脑袋想的东西够多，思维过程够缜密，其实你可以设计很多东西出来。有自己的东西，在执行，觉得不错，也在赚钱，但开始做量化的时候，还是给客户用，因为在自营部的时候不能用自己的钱，我们不能做交易，法律上是禁止的。那时候是给客户服务，就把量化这个东西给客户用，然后这个过程里面也发现它是不错的,这个策略可以赚钱,就看你怎么用。

当时看英国一家叫Aspect Capital公司的仓位,等于说是我们投资它,在投资它的过程里面会建立自己的仓位,而建立仓位过程的策略完全是复制他们的东西。所以我看到的策略和仓位的变化,跟看他们策略的变化差不多。在跟他们接触之前,我是有自己的完整东西的。可是看了三年半他们的策略和仓位之后,我发现我的东西跟他们的其实殊途同归,逻辑、概念是非常一致的,中间当然有一些差别,但是我也吸取了他们的东西,然后才慢慢地演变到我现在的东西。

我写的《一目均衡表》一书也是,其实一目均衡表的架构仍然是一目山人设计的东西,从开始到现在都没有变,但是各位读者看到书里面的例子、经验、操作手法都是我的,我有介绍一目山人的操作手法,但是书里面的例子和所讲的东西,都是我自己的操作经验所积累下来或展现出来的一些手法跟技巧,我觉得那个才是更重要的，这也是我写那本书的原因。某种程度上我们是站在巨人的肩膀上，在一目均衡表这套将近100年的交易系统的基础上，我又把我的经验给融入进去，然后变成现在大家看到的《一目均衡表》这本书。

从你一入行基本上就开始使用它？

对，从纸上谈兵到挣了钱去用，这个钱有时候是别人的钱，有时候是自己的钱，到现在是完全用自己的钱在做。

在三年半看别人仓位的过程中，你觉得最大的收获是什么？

当时人家有65亿美金的保证金，不算杠杆。如果算60亿美金，汇率用6折合成人民币，相当于360亿人民币，当时人家是360亿人民币操盘的策略，我看了三年半，你能不相信他吗？

在这个行业一开始学的就是最职业的功夫。

对,而且2008年之前我就已经自己做策略,自己做交易,自己这样学习。可以说从我学生开始就在研究交易和经济学,以及股票市场和期货市场。虽说我一开始入行是期货市场,可是因为做期货都是以金融期货为主,所以我们还是要看股票,即使没有去买股票,但是一直都在研究。

其实看人家的仓位之前我已经做了十几年的学习,有了自己的东西,再去对照别人的东西得到的灵感,觉得可以建立自己的信心,然后就开始有比较明显的自己的风格,自己的操作系统,自己的交易闭环。

在看别人交易的过程中逐渐完善了自己的风格?

确认了自己的方向或自己策略的对错。因为自己本来就有点信心,对照之后发现人家也是用这种方式在赚钱，然后就确认了自己的东西是没问题的，是可以赚钱的，因为职业投资机构也是用这种。

在那之前个人开始稳定盈利了吗？

那时候都在做公司的钱，做投资人的钱，在宝富做CTA的时候，在我的资料中也可以看到，其中有一年我记得可能是2011年，在全台湾地区大概604只基金里面，我是前三，那一年我的绩效是最好的。

CTA那段时间是你成长极快的时间？

极快，就像我经常说的斜率，那段时间就是斜率高陡峭度的成长阶段，我的信心、手法都已经确立下来。

2013年离开CTA之后，我到基金公司去做了一年多，直到2015年才结束。那时候结束工作就是想自己

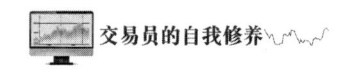

开投资公司，想开始做自己的钱，然后因缘际会来到成都。我们夫妻也非常感谢我现在期货公司的董事长与公司高管们，让我有机会来成都做一些事情，一待就是六年。

看来这期间积攒了不少的本金？

因为2008年我就已经知道自己的东西要怎么做，那时候"台湾高铁"这只股票不管基本面和市场面都处在非常差的状态，我觉得它应该是非常标准的巴菲特概念股——所谓巴菲特概念股就是现金收入、市场垄断、刚需——因为全台湾地区当时就只有这一条高铁，又都是现金收入，它还是民生必需品。那时候又是高铁这个项目闹得最凶的时候，价格非常低，所以我就开始布局。那时候我们做股票要报备，所以我每次要下单的时候，一定要先得到同意，才可以去买。那时候好处就是我只买不卖，有钱就投进去，最后高铁由基本面很差的情况转好了，涨上去了。我人生的"第一桶金"就是那个时候来的。

我记得你的雪球账号上好像一直在关注京沪高铁？

对。我觉得现在"京沪高铁"跟当年"台湾高铁"的情况一模一样。

大陆的高铁这么多，为什么单单关注京沪高铁？

因为它在东部，经济命脉就是在东部嘛，它的活跃度是最高的，不管是旅游还是商务。还有一点，京沪高铁将来要连到中国台湾去，那就是京台高铁。当然这也是有点假想的，但我是那种可以用时间来换空间的人，我很有耐心，像"台湾高铁"我等了七年它才起来，我布局了七年。

那时候我没有多想，第一个买卖不方便，第二个当时我把"台湾高铁"当作有点类似定存，或是我一辈子就要投资这个。像现在"台湾高铁"是我持仓最重的台股，虽然最近因为疫情的关系表现不是很好，但是我还是慢慢地持续地在投钱进去。

高铁在中国台湾还是挺稀缺的？

非常稀缺，就像我刚才说的，它所具有的巴菲特概念股的三个特质到现在都没有变。除了现金收入，它还有土地重估的价值，周边一些土地的价值都还没有算进来，土地的使用权全都属于他们。现在京沪高铁也是这种现象，周边的商业一旦起来，情况又会不一样。

你是2015~2016年开始，在期货公司担任交易顾问，同时自己用个人资金来交易？

对。交易员都有自己的套路，要让交易员听你的几乎不大可能，我们主要还是技术上的交流，交易思维的交流，交易哲学的交流，我觉得还是偏交流，我不喜欢指导人家，说实在的，你指导之后赚不赚钱跟你也没关系。但是我觉得思想交流、技术交流这个倒是挺好的，你能发挥的无形作用才是最重要的。

在交流的过程中，个人对自己的东西也会更清晰一些。

对，他在质变，你也在质变。其实到我现在这个阶段，我根本不需要在朋友圈、雪球或者微博里面放东西，因为我做我自己的钱，我也不需要去拿人家的钱，我也不需要去执行做市操作，但是我觉得分享是一件很重要的事情，通过分享，你把自己的东西丢出去，同时它会再反馈回来，不是别人的反馈，而是在你把这个东西丢出去的时候，它就已经在反馈给你，这个过程是很重要的。

当然如果有一天我真的完全退休，比如说在这边的顾问也不做了，真的完全做自己的钱，时间也都是自己的，当然这个时候我就不会也没有太多的必要再去追求各种意义上的反馈，因为那时候可能就想要出去玩了，既然想要出去玩，那就没有时间去顾到这些东西。

大概是什么时候开始接触期权的？

2000年，因为我有本书《交易选择权》——台湾地区叫选择权，大陆叫期权，那本书蛮厚的，当时还有一个大学教授用来当教科书，第一篇第二篇是有点教科书的味道，但是第三篇是一个操盘技巧，那本书算是学术跟实务结合。所以台湾地区第一本量化的书和第一本讲期权的书都是我写的，如果自己臭屁一点的话可以这么说，但重要的是自己的体悟与实践结果。

第一部分　我的交易之路

你一开始接触的期货，以及后来的期权，都是属于高杠杆的衍生品，然后又从这种风险相对较高的领域进入到股票，为什么会有这样的一个转变？一般人做惯了高杠杆的产品，可能就受不了股票这种低杠杆的。

第一个，做衍生品撬杠杆所要用的技巧跟你要花的时间是非常多的，你花在上面的精力是非常多的。所以为什么后来在期货市场很多人做短线，就是我今天做完就不用管了，明天开盘再来做就好了，所以做短线的人最大的压力就在开盘时间。

但是它有一个限制，也就是第二个问题，你永远只能做小资金。给你一个亿的资金做期货几乎不可能，尤其如果你只做短线，据我了解现在国内几乎是不可能的。给你5000万你都一定要变中长线去，你一定得做中长线。

所以第一个是你的时间投入，你的精力投入，做期货跟做股票差异是很大的，我做股票今天不看盘都无所谓，就像我们今天在聊天，我可以不用去看行情，或者我可能只需要看一下这个行情大概怎么样就可以，不用太操心。

第二个是资金量，像以前我们撬杠杆，习惯都是十几二十倍的杠杆，我现在做自己的钱，跟以前比根本是小巫见大巫，所以为什么我现在会做得很轻松，就是因为我以前是20亿人民币的资金在操作、在运作、在配置，而我现在的资金跟20亿完全不能比。其实我现在做股票是非常轻松愉快又能赚钱，但赚的钱的绝对金额没有以前大，这肯定的，但是比例不输给以前，甚至会比以前多，这就是小资金必然的现象。

市场上待久了会发现，交易中没有真正的秘密。

对，没有秘密，而且你认为的秘密可能只是你自认为而已，对别人来讲可能并不算秘密。

在交流分享的过程中，可能有时候你会发现自己之前没注意到的东西。

对，或者说发现这个应该可以怎么做，因为你的内在会自我优化，一个有价值的交易员会自我优化。我觉得在各行各业都是一样的，如果你真的很专注在这个行业，用现在流行的话说，你在这个行业有工匠精神的话，你的内在会持续自我质变，内在优化之后就会展现在外在，然后就会展现在你的作品上面。所以这种交易员也好，投资经理人也好，这种内在自我优化的过程，这种认知或者行为模式是很容易展现出来的。比如说我们在面试一个交易员的时候，其实讲太多都没有用，我只要看他眼神就好了，别的都是聊天而已，但最重要是看眼神。讲交易的时候他有没有炯炯有神，有没有兴奋的那种感觉，如果有，基本上门槛就过了。

其实看的是他对交易这件事有多上心，多痴迷，如果你真的痴迷，你会自我学习。

对，你会展现出对这件事情的那种热情，虽然没有讲出来，但是你讲话的态度，你讲话的内容和内涵，一定会让别人感受到这个人对这件事情的坚定。很多人说十年磨一剑，但我强调的是"一生磨一剑"，就是我这辈子就要做这件事情。其实我们所谓的工匠精神，就是你在这件事情上面去磨，可能有人磨了十年功成名就，然后就不再磨这一剑，但这还是不够，十年磨一剑还是不够，你要用你一辈子的时间去磨，那个才值得我们去多看一眼。

你在《一目均衡表》里面也提到过"最佳投资人体质"，需要对财富追求有强烈的欲望，就像刚才说的要看眼里是不是有光，这样才容易跨越失败。

要承受得起失败。

这对交易员来讲是一个很核心的条件？

只有打不死，你才能成为强者。如果稍微打一下你就死了，那直接就没了，心没了就什么都没了。

除此之外还有没有其他你认为是"最佳投资人体质"的特点？

刚刚提到就是自我学习，自我学习其实就是自我训练，看你有没有折腾的心。从工作上面来讲，一个越爱折腾的人，他在自己的工作上面应该会一直不断有惊喜出来。像我对生活是不爱折腾，但对工作是很爱折腾的，也可能因为在工作上面太折腾了，所以就不想在生活上面有太多的折腾，可能有点这种互补的关系。

在培养交易员的过程中，你会重点培养他什么？

他对这件事情的心，他的生活，他的思维，他的行为，方方面面的情况，是不是真的把这件事情放在心上，至少对我来讲，他是不是一生磨一剑的态度，如果他有这样的态度，就算绩效不理想，我可以容忍他三五年，但是如果不是一生磨一剑的态度，我连三五天都忍受不了。

可以悟性慢一点，可以笨一点。

因为我会教你，我会告诉你，我会让你少走弯路。重点看他对交易这件事情的态度，而不是赚钱的态度。如果我认为他对交易这件事情的态度是正确的，我相信他肯定是一个能赚钱的人，所以不管他现在有没有赚到钱，我根本不担心。

第一部分　我的交易之路

我记得上学时的期末点评老师经常会说，"该生态度端正"，当时觉得"态度端正"是很无趣的一个词，后来随着年龄的逐渐增长才发现，态度太重要了，一个人的态度背后，隐藏着你对一件事情的痴迷和欲望，当一件事情你真的想要做到特别优秀，剩下的一切都顺理成章了。

其实举一个不是很恰当，但是我觉得很明显的例子，一些交易员，尤其是男交易员，赚了钱，就开始想东想西了，去拉斯维加斯，找女人，甚至养小三，像电影《华尔街之狼》中那样的，所以很多人觉得在金融市场里面赚到钱的男人就会纸醉金迷，沉迷酒色，但是真正的交易员，真正对市场、对交易、对资产管理有想法的，他不会去做这种事情，甚至他根本没有时间去做这种事情，他的心全放在资产管理。其实我现在已经很少讲交易这件事，我现在讲的都是资产管理，不管你是个人资金的资产管理，还是帮别人做的资产管理，都是资金管理的问题，而不是单纯的交易买进卖出这样一个思维。

所以你说怎么去看一个交易员，怎么去培养一个交易员，最简单的第一个标准，看他的心态，看他的态度端不端正。第二个，他真的赚到钱的时候，他开始有东西的时候，他会去做什么事情。

其实这是各个领域共通的判断标准。

对，他自然而然就会展现出那一种样子，所以有时候平常聊天里面就可以感受到，有些人说他要学交易，其实我觉得他是想赚钱，而不是真的学交易，他嘴上说要学交易，背后的潜台词是什么？我想赚钱。而且是赚快钱不是赚慢钱。

我们要的交易员是一辈子都能赚钱的交易员，而不是赚快钱的交易员。一个是一辈子都在赚钱的交易员，一个是赚一把就走了的交易员，你说我要哪一个？公司

第一部分 我的交易之路

要哪一个？投资人想要哪一个？从投资人的角度，从公司的角度，从个人的角度来看，永远都是前者。如果一个老板希望你赚快钱，那一定是用完即丢。如果你是一个交易员，被老板、被投资人用完即丢，你情何以堪。

继续回到刚才的话题，从期货、期权再到后来主要以股票和ETF为主，这样的转变，除了你刚才提到的因为精力和时间的性价比，以及资金量变化的原因，你觉得在转型的过程当中，个人优势是不是更能凸显出来？

是，因为你的经验跟技巧都已经具备了，你已经形成了自己所谓的交易闭环，而且这个闭环是有效的交易闭环。接下来问题是，你要用多少资金，产生什么样的结果，承担什么样的风险，在这些总体的考量之后，你会有自己的一个目标，然后为了这个目标前进，为了这个目标来设计你的交易策略，你的交易组合，或你的交易模型。所以我经常讲闭环交易系统，这个东西是完全可以客制化的，可以依照个人资金持有者的需求去做设计。所以朋友在聊天的时候说投资人要求怎么样，我说都没关系，只要他资金量够，他想要赚什么样的钱，我都可以帮他设计出相应的策略，这是可以做得到的。

设计出来后，下一个动作是你能不能实现。设计是一个问题，我可以根据你的资金量帮你设计出一个相应的策略，但你不要跟我说，你现在只有1万块，要我帮你设计策略，没什么好设计的，你就用最单纯的模型去做就好。但是如果说你有10个亿、20个亿的资金量，想要承受什么风险，想要什么样的报酬，这都是可以设计的，之后就是设计出来怎么去实现的问题。

其实交易员或投资经理，甚至公募也好，私募也好，这些公司的价值就在于实现客户的需要，以客户的需要来设计策略，来执行策略，来完成目标，那公司的价值就体现出来了，这是非常有趣的一个过程。

从涉足交易到开始稳定盈利，这中间大概经历了几年的时间？

2008年买台湾高铁算潜伏期，不算有操作。其实我现在也不敢说自己稳定获利了，因为你永远都在承受风险，但我现在的投资老板就一个，我太太，只要我太太一直满意，大概就算是OK了。昨天晚上她还在跟我说，她现在要省吃俭用，要多拿一点钱给我去做操盘，从这儿你就知道她的态度。

我觉得稳定获利这件事情就是开始知道自己可以获利，知道自己在赚什么钱，可以赚到多少钱。做到这点大概就是从2015年开始。为什么2015年我要离开公司，其实是自己的模型和交易方式，方方面面的条件我觉得都具备了，所以我想就不需要再去靠这个平台做什么事情，我靠自己就可以。其实每个交易员都是这样的，你在这个公司里面待着，基本上就是要这个舞台，要经验。

你是各个领域都先参与，什么都了解，从博到专，慢慢开始专注自己最擅长的细分。

这个中间有一个很重要的节点，就是量化手段。因为1997年做量化策略的时候，我测试了非常多的策略，对各种策略在各种品种里面的变化，我花了很长时间去了解，我研究生的论文也是写这个东西。所以不管是我的论文也好，我实务上面的交易也好，或是做研究也好，通过量化手段来认识市场这件事情，我花了蛮多的时间。

这个量化的过程其实就是在不断界定一些核心关键要素？

对，一直在筛选策略，筛选有效因子。为什么我第一本书写的《交易，简单最好》，那时候我就已经意识到，我可以有100种因子、100种参数，甚至我可以设计出来1000种策略，可是到最后最有效最有用的是最简单的东西。

美联储前主席格林斯潘也说过，整个经济模型里面，从简单到复杂，最接近现实，最接近事实，最有效的是简单的模型，而不是复杂的模型。

人类也只能依靠这些关键要素去观察市场。

就够用了，其实那个才是最有效的，你把东西复杂化未必正确。**复杂的东西你也可以说它是精确，但它反而是一个"精确的不正确"，而简单的东西是"不精确的正确"。** 我们所谓的大道至简，其实"至简"这个东西某种程度来讲是不精确，但正是因为它的不精确，所以它是正确的。

我们这样讲好了，我有一个策略，胜率96%，也就是做100笔，有96笔是赚钱的，但是平均半年才出现一次信号，这半年的价格变化，尤其是带杠杆的期货，你怎么可能受得了？那么高的胜率，半年才出现一次讯号，表示什么？它不实用，它不可用。

那个时候我就意识到一件事情，越精确的东西，把错误的信息一直筛选掉，筛到最后胜率已经可以达到96%了，结果半年之后才出现一次信号，第一个我资金没办法做，第二个这半年时间不要说我受不了，客人也受不了，表示什么？越细化的东西越无效，效果越低，应该说越细化的东西，越精细的模型，效率是越低的。

在交易这件事上，能走到目前这个阶段，你觉得自己主要做对了哪些事情？

自我训练。我觉得如果说一定要提，只提一个的话，是自我训练。自我训练就包括下模拟单，我在央视的采访[①]里面也提到，我模拟单交易的频率比实盘交易的频率还要高很多，这也是自我训练的一种。而且现在还在做，当然不像以前那样一笔一笔下，现在是直接用屏幕看K线图，这个地方我应该怎么做，那个地方我应该怎么做，这件事情一直在持续，而且必须结合基本面

---

① 黄怡中：一辈子磨一剑 为交易数十年自我训练，央视网 [交易时间] 投资者说，http://tv.cctv.com/v/v3/VIDEIGaFwX249aSC9VTJoae0171025.html

变化与市场面变化，进而得到决策的过程。

依照这个行情我应该怎么做才是正确的，我一直在寻求正确的行为模式，一直在强化我自己正确的行为模式。其实一只股票可能有时候好有时候不好，但是只要做好仓位管理，好的时候你就能吃得到它的鱼身，不好的时候你受到的损伤是最小的。赚钱的时候赚最大鱼身，受伤的时候受伤最轻，长此以往，稳定获利模式就出来了，而当下年化绩效还是要看个人当年的交易质量好坏，它会决定你的业绩。仓位管理能力是决定绩效长相的极重要因子。

除了自我训练，还有没有别的？

第一个是自我训练的内涵，就是你要做模拟单。第二个就是看书，一定要看书。像以前我时间比较多，精力也比较好一点的时候，我一年努力看100本书，但不一定每一年都做得到，只是说努力。我现在的话每年至少也有看四五十本书，包括纸质书和电子书，我手上同时有10~20本要看的，而且还持续在买书。

阅读很重要，虽然很多国人不喜欢看书。

各个领域最顶级的这些投资者和企业家，其实阅读量都很大。

而且我的阅读范围，除了跟交易、金融有关系的，还包括社会学、心理学、历史、哲学、数学、统计、编程等，虽然我现在不做编程，但是类似编程的事情我还是会去看一下，去看人家现在怎么弄这个东西，这个领域相关的东西都会去看。也就是说一个成熟的、能够进入到稳定获利阶段的交易员，他所看的书不是只有专业的交易和技术指标，尤其像很多人在说技术指标，其实我个人认为一个不懂统计、数学、哲学这三种东西的人是无法驾驭好技术指标的。因为一个技术指标是一条公式，为什么作者设计这一条公式，它背后的逻辑是什么，它通过一个什么样的统计和数学过程来设计，它有什么样的交易哲学过程，所以你要搞懂这个技术指标的这一条公式，就必须要懂统计、懂数学、懂哲学，这样你才能够驾驭得了这个技术指标，才能够正确地使用这个技术指标，然后它才能够帮你赚钱，我觉得这是非常重要的一点，所以看书是一定要有的。

第三个也是重要的一点，就是对这件事情你花多少时间，还是我刚刚说的"一生磨一剑"的概念，就是说这些事情不持续的话是没有用的，你的模拟单可能是打酱油的，看书也是偶尔看一下，你说他有没有在做模拟，我有，他们有没有在看书，我有，可是你的量不够，时间不够，既然你的量跟时间不够，你就没有办法从量变到质变，只有足够的量才会让你变质变，我们要的就是这个结果。通过这样的一个自我训练实现质变，可以让我们原来的交易能力提升上来。

当你的交易能力实现质变之后，什么样的行情，什么样的资金，不敢说你一定可以驾驭得很好，但是你的生存能力绝对是有了，当你能活下来，后面的世界就是你的。

我经常讲，基本面跟市场面的匹配，共振与否。就是说现在的行情价格结果是这样子，那么它的背景是什么，有什么基本面的变化，不管是期货大宗商品或者期权或者股票都一样，外汇或利率、债券都是一样的，它背后的基本面的故事是什么，然后来匹配现在的价格走势。这中间到底共振是怎么共振的，不共振是怎么不共振的，共振的时候我该怎么办，不共振的时候我该怎么办，这个模拟的过程时间久了，量有了，产生质变了，很多东西你看一眼就知道了。

形成一种肌肉反应了。

其实到最后就是要培养你，把那些有效的东西，有用的东西，变成自己身上的DNA。所以为什么我不担心交易员被训练好了之后走了，很多老板会担心把交易员训练好了，他走了之后不为你所用，我说不会啊，如果我认为他是一个好的交易员，他是一个会赚钱的投资经理，他自己去开公司，他去到别的公司，那我再投资他就好了，我一样可以享受那个成果，只是他不在我身边，就这样而已。但是他不在我身边，没有了他，我还有别人，我不会只培养一个交易员，我会培养几十个甚至百个交易员，走了一个对我来讲没差别，更何况不止，我还可以再投资他（她）。

第二个好的效果就是，只要是我训练出去的交易员，都是人家抢着要的人才，这不是很好吗？或者说只要是公司训练出去的人，大家都抢着要，那对公司的商誉不是很大的提高吗？所以反而我要鼓励他走出去。

你刚才提到的交易员自我训练的过程，其实就是一个在学习、观察、实操领域进行持续的时间投入的过程？

对，所以理论上他没有时间做别的坏事。

在一个人交易的成长路上，基本上都会经历一个不管是外部教育还是自我教育的过程，刚才你主要谈到了自我教育，也就是自我训练的过程。

比外部教育更重要。

《一目均衡表》这本书的前言里面提到，"站在巨人的肩膀上，然后把巨人的东西变成自己的"[①]，你这里所指的"站在巨人的肩膀上"应该就算是一个外部教育的过程。

可以这么说，看书也是一个外部教育的部分。

[①] "与其站在巨人的肩膀上，如能把巨人的东西变成自己的，那么我相信，你的本事会不断地自我强化。"——摘自《一目均衡表》前言。

第一部分　我的交易之路

在你心中，可以让交易员站在他的肩膀上前行的这些"巨人"，能不能给我们举一些例子？

所有有几十年交易经验的人，他们都可以是巨人，有几十年交易经验的交易者也好，投资经理也好，类似什么巴菲特、索罗斯他们，我们先不管个人好坏，单说他几十年的交易经验，这些人包括国内的国外的，都一样，只要是交易一二十年后还可以生存下来，一定有他的道理，这些人都是巨人，站在这些人的肩膀上面，去了解他们的思维。

我经常说看一本书不是在看书，你应该是在跟作者对话，有看我朋友圈的人都知道，我看书一定会有笔记，其实写笔记就是在跟作者对话，我可能认同你，我可能不认同你，我可能还有什么想法，我就把它写出来。跟作者对话的行为或习惯才是真正把这本书的价值提高的一个重要手段，重点不在这本书值多少钱，而在它价值的提高，这也不是作者给你的，是你自己赋予它

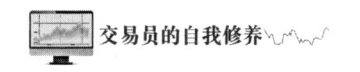

的。这本书到底有多高的价值，是你赋予它的。

经验极为重要，科斯托兰尼说过一句话，"我不愿意用我过去几十年的交易经验，来换取跟我体重相等的黄金"。

对，很经典。

除了经验，还有没有别的你觉得重要的？

心志，你的心志可大可小。我举一个例子，比如一个在餐饮行业里面待了二三十年的人，他很有经验，可是他永远只想在餐厅刷碗，他觉得这样的生活就够了，表示什么？我们没有评价刷碗的好坏，只是说如果在刷碗这件事情上面他就满意了，那么他的经验就只限于刷碗。可是他也可以从刷碗，到去当主厨的助手，从助手再变成主厨，再变成餐厅老板，走这样一条路径，那么这个心志就不一样了。交易也是一样，你可能刚开始就满足了，但是你也可以有一个心志，我要越做越好，我管理的资金要越来越多，甚至我自己的财产也要越来越多，这个目标不能太低。然而经常有人说，我只要有钱就好了。

学习了具体的经验的同时，你要有心志。

对，你对财富要有很强烈的想法。

同时结合你刚才说的持续不断的自我训练，最终才能成功。

对。只要这些条件或过程你一直在执行，有一天你会感受到在这件事情上面做好了，自己的感受一定是最深刻的。而且你也知道自己现在是走在什么阶段，会知道自己哪里不足，当一个人知道自己哪里不足的时候，其实他的生存能力就出来了。

就具备了基本的进化能力。

像我们刚提到的内在的自我优化,就是你已经具备了内在的自我优化的能力,那么相对来讲,你的生存能力就已经出来了。

在你这么多年的交易之路上,有没有经历过一些印象深刻的特别难熬的时候?

还真的不多,我是一个照计划行事按部就班的人。虽然说我喜欢在工作上面折腾,但是我不会无厘头地去折腾一些事情,我的折腾一定是有道理的。我有时候跟人家讲,我是一个不喜欢浪费时间的人,听起来可能有点太过目的性,或者太过功利,实际倒不是,而是我认为,当我不浪费自己的时间,我就不会浪费别人的时间,所以不浪费时间是我蛮注重的一件事情。也因为我不喜欢浪费时间,所以我在自我训练,在看书,最近又开始练毛笔字，就是你会知道，自己一点一点地在做你想做的事情。

如果一定要让我说印象深刻或让我觉得不舒服的事情，大概就是我刚才说的，刚开始做交易的时候，就只是中午出去吃个饭，回来就赔了将近半个月的薪水，这可能是让我最难受的，但是也就那么一件难受的事情，也教育我养成这种风险管理的意识。

所以我经常在跟交易员强调一件事情，我们可以失败，我们可以做错单，我们可以赔钱，但是你在这一次做错单赔了钱，比如赔了100块之后，你因为赔这100块进行经验修正或是错误修正之后，你又赚了300块回来，那么赔这100块就值得了，赔这100块是必要的，当你赔这个钱是必要的，那就没有什么后悔不后悔，担心不担心，或懊恼不懊恼的问题。

能不能跟我们谈谈对你来讲意义重大的一次投资经历？

就是台湾高铁这只股票，还有现在的京沪高铁。

虽然说我在关注比亚迪、中国平安和招商银行的过程里面，从2018年到现在都算是赚到了钱，但是我认为最有意义的除了台湾高铁，就是现在的京沪高铁，也不是期望，就是我觉得它会是最有价值的投资。京沪高铁将来会怎么样，我并不晓得。

这两个经历对你来讲意义重大的原因是在哪？

乐趣，证明了你的眼光是对的，而且时间跨度够长。

比如说比亚迪，比亚迪我也搞了好几年了，从四五十块钱开始折腾，到今年它爆发出来，因为之前有折腾过，仓位都一直在，所以这是理所当然赚到钱，反而乐趣没那么高，因为它的难度就没那么强。

有没有最遗憾的一次投资机会？

也是比亚迪，仓位不够重，我仓位最多在20%左右。

当时仓位不够重的原因是没有严格执行自己的系统？

不是，我给它的配置就是最多20%。什么叫遗憾？遗憾就是事后看才会遗憾，如果从当下来看，其实我是不遗憾的。

在当时做的决定是正确的。

是正确的。因为我是注重投资组合的，投资组合的资金配置都一定有比例，就像现在京沪高铁我再看好，最多就是30%，如果哪一天京沪高铁配置到50%，那表示京沪高铁已经开始飙了，那时我才有可能配置到50%，可是到现在为止配比最多到30%，我现在只有20%而已。

你认为什么是交易中最重要的事？

就像很多人讲的，按计划行事，交易你的计划，计划你的交易，这是现在大家的共识。

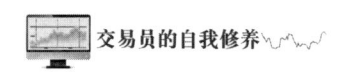

但是在"交易你的计划"这件事情上面，中间会有很多的变数，所以如何去执行你所计划的交易，这个过程里面你需要对你的计划有信心。很多人可以设计很多策略，可以做很多计划去做你的资金，但是这个计划的有效性，或者你对这个计划、对策略的信心是不是足够，我觉得这个更重要。

不是说你执行了多伟大或是人家做过的多有效的计划就可以，而是看你的信心足不足够，如果你认为它一定会赚钱，那么你在执行你的交易计划的时候就会非常的坚定。所以你坚定的态度的前提是，你认为这个交易策略肯定能赚钱。就好像我现在对一目均衡表，我认为它一定可以赚钱，所以我对它没有任何的怀疑，该怎么着就怎么着，该怎么做就怎么做，这种信心是必须的，也是很重要的。

也是最艰难的。

所以对自己的东西你要具备一定的信心，如果你对它都没信心，那干嘛拿钱去做？如果是测试的钱那另当别论，比如这个计划我没有信心，我就拿一点点的钱来做测试，那另当别论。

但是你的主部队在攻击的时候，你的大资金在做交易的时候，你的结论一定是赚钱的，你没有一定赚钱的信心或能力，你干嘛要把钱投进去？这里有点"因为我知道自己已经能胜，所以我会去打这场仗"（先胜而后求战）的意思了。

在个人的成长经历中，你认为在交易这件事上最困难的部分是什么？

形成自己的交易系统。那是最花时间、最折腾、最痛苦的，因为你可能有一个想法，然后形成一个交易系统，或只是一个策略也好，然后你去执行，结果错了，你是不是要修改？我们不断地试错，不断地修改，这个过程很耗时间。有些人可能要工作，有些人可能受不了这种长期的自我试错的损伤，他认为失败就退出了，那就结束了。所以这种试错的过程和漫长的时间是一个很大的问题。

最难的是形成交易系统所需要的时间，你有没有足够的信心和耐心去面对这件事情。

在最难的这部分上，你有没有一些经验能够传递给其他交易者？

我刚刚讲过，用量化手段，比如说我已经测试过几百个交易策略，这几百个策略我都已经了然于心了，我知道哪个策略有效，哪个策略无效，什么样的场景下有效，什么样的行情下无效，什么样的行情该用什么策略，什么样的行情不该用什么策略，我都已经了然于心，或是我已经非常的理解，那么我就会在什么样的行情用什么样正确的策略。趋势性行情我用趋势性策略，震荡性行情我用震荡性策略。也就是说我已经对行情有一个判断，然后我又用对的策略，那么我的结论应该就不会太离谱,接下来的问题只是赚多赚少,或赔多赔少而已。因为你最终的目的是赚多赔少,就像我说的尽量把鱼身的肉吃到最大,把亏损压到最小。

赚大赔小这个模式不是轻易能做到的,连巴菲特、索罗斯,以及科斯托兰尼、达里奥、张磊,他们同样每天在犯错误,每天在研究怎么样赚大赔小。像最近巴菲特很后悔把苹果减码了,结果他就被芒格说了,说你这个减码是错的。芒格当时不认为该减码,事后诸葛,证明不减码才是赚最多的。我相信当时巴菲特在做决策的时候,他一定是认为自己是对的,只是结论不如他意。但是你说不如他意,也只是少赚而已,减码代表什么?我还是有底仓,我还是有一定的仓位在盈利当中。只是在涨上去的时候,因为我有减码过,比如我本来有100手,我减码了20手,是不是我还有80手在继续赚钱?我只是少赚,我并不是赔钱的。

用量化的方式来自我训练,就是说你对市场行情变化的理解能力越高,那么你犯错的概率就越小。所以这

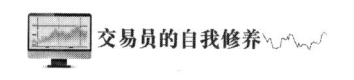

种理解能力从哪里来？自我训练。

你是怎么面对市场中这么多诱惑的？

刚刚也提到，我不会去跟人家比我管多少钱，我的资金量是多少钱，我现在银行账户里面有多少钱。我觉得在行业里面，比如说你是一个投资经理，你一定要比管理规模，一定要比绩效，投资人都会这样，不管是国内的投资人，欧美的投资人，大家都会去比较，因为你钱投出去了，你总是要投到最好的效益嘛，在职的时候会有这种比较，这是无可厚非的。

但是最终如果你自己的目标是确认的，你应该是没有攀比的心理的，你只是一直把自己的东西做到最好，更简单一句话，就是你永远比自己的昨天更好。

交易员的绩效，你方方面面的条件，只要你今天的能力跟绩效比昨天更好，我相信肯定会有欣赏你的投资人，而且会不少。等有一天你在做自己的交易的时候，更是如此。所以你只要做得比昨天的自己更好就好，你的绩效比昨天更好就好。你的净值曲线不用说一路向北，稳定地向北就够了，生活也够了，到时你财富自由有了，财务自由有了，时间自由有了，最后你的精神自由也有了，夫复何求？

根据个人的经验以及观察到的、接触到的人，你觉得成功的交易者有哪些共性？

第一个是我刚刚提到的自我训练，自我训练的内涵就是刚刚说到的那三个，模拟、看书、实践，我觉得各行各业都是这样。自我训练，也就是人家说的终身学习，这个肯定是共性。

第二个就是他们对财富有一种特别的、跟人家不一样的想法。有些人可能赚1个亿才够，有些人赚10个亿才够，有些人可能赚100个亿都不够，大家对财富的想法是非常不一样的。成功的交易员到最后对财富的想法，我觉得都不是为自己的财富做最多的追求，而是为别人的财富做最多的追求，就我们所谓的"利他"。成功的交易员和投资者到最后一定是"利他"，而不是"利己"，"利己"肯定是有的，但是一定是先"利他"，自然而然就"利己"。

第三个共性我刚刚也提到了，他们对时间的态度，不管是对自己的，还是对别人的，都会很不一样。

如果真的要把这种共性连接起来，或者把它整理成一套出来，其实不容易，但是如果说一定要把它归结成一个的话，可能就是刚刚说的第三个，对时间的态度，人要活得有价值。

其实我们读哲学到最后有一个终极的问题，就是我到底是因为现在鼻子在呼吸而存在，还是我为了什么样的事情而存在，如果哪一天我鼻子不呼吸了，是不是我就不存在了？我觉得不管是成功的投资人、交易员，或其他行业的交易者，他们的共性问题，就是自我价值的实现。

第一部分　我的交易之路

你觉得业余投资者经常会出现哪些错误行为？

想赚快钱。

我现在碰到的，不管在哪个城市的投资者都一样，他们最大的问题就是想赚快钱，想尽所有的办法去赚快钱，这个我可以理解，但是我觉得是不好的事情，会导致你犯各种错误，变成你一直在损失而没有收获，你一直在收获赔钱的经验。但是一旦你自己稍微有一点自我价值出来的时候，你会去反思，怎么样让这些赔钱的经验变成有价值的，就像我刚才说的，你可能在这次的错误里面赔了100块钱，然后你通过这个失败赚300块钱进来，那么这100块钱的损失就很值得。更简化一点，我们经常讲怎么样把一手烂牌打成好牌，一般的投资人常常经历被"割韭菜"，或者是不好的经验，但这都没关系，关键在你怎样把这个烂牌打成好牌，那就因人而异了。

职业投资者会经常犯哪些错误？

我看过的一些职业投资人，因为已经知道怎么样去赚钱，他们才会从业余转为职业，某种程度上就我们所谓的已经有一定的赚钱能力，但是他们还是没有脱离赚快钱的思维，或还没有脱离赚快钱的"框框"，我觉得这是他们最大的问题。

他们为什么没有脱离赚快钱的"框框"？是因为他们认为自己已经具备了赚钱的能力，所以为了提高效率，我当然要赚快钱，就变成要追龙头追热点，简单讲是还没有脱离那种赌徒心态。

但这不是全部，我相信有些人到了这个职业阶段，他已经没有了那种赌徒心态，那么他可能就进入了资产管理的模式，这样子的话，我觉得他可能就是从财富自由进化到财务自由那个状态的职业投资者，就已经是不赚快钱的职业投资人，或者他已经进入了时间自由的状态，如果再加上有一点自己的信仰，他就已经精神自由了，人生某种程度就完美了。他已经知道怎么赚钱，已经每天都有饭吃，所以他已经不需要为五斗米折腰，他就可以进入到对自我内在、自我价值的追寻，然后就进入了精神自由，人生价值就不一样了。

你个人在投资的过程中最重要的原则是什么？

不赔钱。我不喜欢赔钱，所以我也想尽办法不赔钱，我做了这么多努力就是不要赔钱。虽说我觉得赔钱是值得的，但我不喜欢赔钱，然而我的交易里面还是经常在赔钱，像做错单，有一个错误的判断，这种赔钱还是经常发生，我现在的胜率本来就不到50%，有时候低一点到30%都有。当时可能觉得自己的决策是对的，可是事后诸葛来看是错的，这种情况还是经常发生，但是我会用一年的时间来看，从1月1号到12月31号，我可能犯了很多错误，可是12月31号来看，我的资产是增

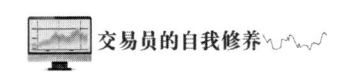

加的，这是我所谓的不赔钱原则，努力做到这样的一个情况。

你会基于这一个原则去设计一系列的策略？

不管是资金的属性、操作的标的对象，还有我要赚什么样的钱，都是非常清楚的。

你在《一目均衡表》这本书的序言中提到，"交易者不要违反自己和价值之间的关系"，能不能再详细给我们谈谈这个事情？

我们自己会有一套交易方法，是基于我们对自己的认知，对市场的认知，对系统的认知，方方面面的条件整合起来。那么如何匹配交易员跟市场价格之间的关系？其实讲价格就会讲到价值，也就是说交易员本身会有一个价值跟价格的状态，市场会有一个价值跟价格的状态，这两者之间怎么去匹配才能让它产生最好的效果，就是我们投资人要拿捏的东西。

你的系统要适应市场的实际情况？

对。就像趋势性行情，你要用趋势性的策略，但基础还是一样，基础还是一目均衡表这套系统，但是当走趋势行情的时候，你要基于一目均衡表用趋势行情的策略，震荡行情的时候，你要基于一目均衡表用震荡行情的策略，这种匹配不能乱。

从事交易和资金管理这么多年，你个人感触最深的是什么？

躬逢其时，因为现在是一个和平时代，在和平时代我们能够做这些事情，其实也是蛮幸运的。

如果现在是一个战争年代，像现在的叙利亚和阿富汗，就算你天纵英才，还是没有用。所以感受最深刻的就是我们现在是一个和平年代，然后在这样的一个年代里面，我们可以做这些事情，不然我们是做不到的，连机会都没有，所以我很强调国强才能民安，我这种思维很强烈。

在这么多年的交易路上，你个人经历过的什么教训是最想传达给年轻人的？

尝试失败。虽然说我不喜欢失败，我避免失败，但是我觉得真的要尝试失败，要有试错的能力。

我觉得一般的年轻人也好，刚进入这个行业的投资人也好，尤其是后者，因为他们可能还年轻，某种程度他们有犯错的成本，有犯错的优势，可能本来本金就不多，但是你要提高本金试错这件事情的价值，比如说我可能这次赔了1万块钱，但未来我可能赚了100万回来，那么这个错误的价值就会很高。一样是犯错，但它的价值是不一样的，那它的价格就会不一样，而这个能力不断地积累，会形成一个比别人少犯错的能力或行为模式，就造就了你做对事情，能够在这个市场赚钱，有能力在这个市场生存的一个高门槛，你的"护城河"就出来了。因为你已经有犯错的能力，你也知道怎么不犯错，你也有能力让犯错产生更高的价值。所以年轻人在去培养这个东西的时候，不要一开始就想要赚钱，先把自己的"护城河"拉起来，以后你要赚多少钱就赚多少钱，不怕没钱，而且市场的赚钱机会那么多，市场不缺机会，缺的是你赚钱的能力。

如果是刚刚涉足交易的新手，请你给他们一些建议。

要花时间，要上心。你可能白天有工作，但是你的第二个工作，第二份薪水，就是交易，或我说的资产管理，从你年轻的时候就应该一直在培养这些事情。就像巴菲特也讲了，理财要越年轻越好，越早越好，同样是这个道理。

开始就花时间，去学习，去试错，把这些能力都培养起来。

如果是做交易很多年，但是依然持续亏损的交易者，你有什么建议？

我相信做了那么多年都还没赚钱，心里面肯定很着急，很着急就想要到处去学习，到处付费或者怎么样，这都可以理解，也应该这样子。

但是我觉得某种程度来讲你已经有那么多的赔钱经验了，那么怎样让这些赔钱的经验浓缩到一个正确的路上面，这件事情要先做好，要先想好。

既然你已经犯了那么多的错，你就应该知道什么是正确的，那么就可以把所有的精神聚焦在正确的事情上面，不管是几条都没关系，你把这些所谓的正确的整理出来，然后把你的时间精力专注在正确的事情上面，去执行这些正确的事情，我相信你会慢慢变好，因为你已经避开了错误的行为，聚焦在正确的行为，那么你应该会得到好的结果。或许这个结果很慢，可能是一步一步来的，但是至少你已经不再像以前那样赔钱了，就像行情从下跌开始变成止跌了，止跌之后就开始反转向上。

类似像这种规律，先让自己止跌，让自己先走在正确的路上面，知道什么是正确的，然后去把注意力和精神聚焦在这些正确的事情上面，等待下一波行情来了，说不定这一波行情就把你以前赔的钱全部赚回来。原因在哪里？因为你做了正确的事情。

你认为股市上涨的原因是什么？

很多因素。好像分析师不管怎么解释都永远是对的，我们可以看到很多的解释，今天的涨今天的跌是为什么，每个人都可以一套一套地说出来，但是我觉得市场就是市场，market is market，我们要从市场去看市场。那什么叫做市场？

如果抛开背后的因素，就是价格，连成交量都不需要太考虑。你看为什么一目均衡表我不讲成交量，因为斜率就已经把成交量表达出来了，一个参数可以解决的事情，为什么要搞两个参数？价格斜率的陡峭度就已经把成交量所代表的多方意图表达出来了，我干嘛还要去看成交量？我只要看价格的上涨跟价格斜率的陡峭程度就可以了。比如一个是20度的斜率，一个是60度的斜率，那肯定是60度的斜率是最强势的，我只要去追踪60度的斜率就好了。这个时候连成交量都不用去看，我就知道它是最强的，它能让我赚最多的钱。所以 market is market，股市上涨的原因就是市场本身。

可不可以这样理解，股市上涨的原因有成千上万，但是我们只需要把注意力放在它的行为当中？

价格行为。

回到价格，结合基本面跟市场面的共振，注意力只放在市场中的价格上，考虑基本面的一些核心因素跟它之间的关系？

应该说市场价格的变化造就了我们赚差价的最终结果。

可是这个最终结果，如果说我们只看价格这件事情或价格趋势，你小资金可以，我就一手单，我还看什么基本面，我有差价赚就好了。但是你手上是1000手单、1万手单，你说我看这个价格我一下子就1万手进去，一下子就1万手出来，那跟赌徒有什么不一样？当你的资金量越来越不一样的时候，你总是要做到资金配置、资产配置、仓位管理，而且仓位管理就又牵扯到报酬跟风险之间的关系，那么这个时候你就不能只看价格的走势，必须有别的东西来帮你控制资金报酬的追求，风险的控管，要有一套说法。

所以我跟很多投资人聊天，经常讲交易系统，说到最后我都只有一句话，只要你能自圆其说就可以，但是我后面会再加一句，你的自圆其说能够让你赚钱，那就更没有问题了。

你认为普通散户怎么才能大概率从股市中赚到钱？

不要想赚快钱，其实不要想赚快钱的背后就是不要当赌徒，不当赌徒的背后或对立面是什么？做一个投资者。那什么叫投资者？你把自己当做这家公司的老板，从公司老板的角度来看，你投资的这家公司，老板在做什么，他的商业模式，他行业的竞争能力，方方面面条件是不是够好，或对你有足够的说服力。我觉得一般的

第一部分 我的交易之路

投资人要把自己当公司老板，做一个真正的股东而不是赌徒，用做股东做老板的思维去看。

比如说我现在在台股的仓位，因为台湾地区的高科技市场已经开始走低，慢慢在被大陆替代，国外也有竞争，科技业基本上在往弱的方向发展，所以我现在在台股的仓位就几乎没有科技股，全部都是民生消费，像台湾高铁，具备刚说的巴菲特概念股的三个条件，目前它是我的重仓股，我的资金只要在这三四只股票里面折腾就够了，这一辈子就都不愁吃穿了，我也不想过什么豪华的生活，就是我已经不怕没饭吃了，几乎可以这么说。如果说你想要出去旅行或干嘛的，比如说我说的一季一城市或一年一城市，这个条件是绝对没问题的，钱也有了，时间也有了。

第二部分

交易系统

要质变必须要有量变，有足够的量才会达到质变。质变之后要让其结果的有效性持续，也还是要有足够量的检验。所以至少到目前为止，我不会怀疑我的交易系统，因为我随时都在检验它。哪一天我发现哪边出问题了，那就是我开始动手改变这个系统里面东西的时候。

如果亏损是合理的，那表示是我该赔的，该赔一定是在你可以承受的风险下的该赔，那就让它去飘，因为总有一天它会飘回来。但在期货市场里面就没有这种"飘回来"的问题，所以我经常讲说期货市场是最无聊的，股票是最有乐趣的，因为股票会有飘回来的时候，但期货你等不到它飘回来，在它还没飘回来的时候，你已经死无葬身之地了，所以做期货就一定要非常理性和逻辑化，该止损就止损，该清仓就清仓，甚至还要有反手做多、反手做空的能力。

第二部分 交易系统

你个人是做趋势追踪的，在一个多数时候是震荡的市场做趋势追踪，会不会存在什么问题？

趋势追踪分短中长线，而且趋势追踪里面有很多不同的策略去针对不同的行情。我前面也提到，出现趋势性行情，趋势追踪里面有适合趋势性行情的策略可以用，出现震荡行情，趋势追踪策略里面有适合震荡行情的策略方法可以用，也就是说趋势性行情有趋势行情的策略可以用，震荡行情有震荡行情的策略可以用，而这些东西都是包含在趋势追踪里面的。

所谓趋势追踪的定义，不是买进持有，长期持有，或长线持有，这个定义是非常狭隘的，而且是不懂趋势的人对趋势追踪的狭隘的主观定义。应该说趋势追踪的定义

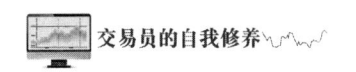

是依据不同的走势，我们可以在趋势追踪的原则下做出不同的策略选择，或不同的交易模式的架构，然后去进行交易。

在那么多的交易风格中，价值派和技术派有时候互掐得挺厉害，乍一看好像完全对立。其实根据一些科学的发展历史，如果两个同样有适用性的理论之间有冲突，那么一定存在一种可以在一个更高的维度上融合这二者的方式。你认为在交易领域，价值和技术这两者可以融合吗？

当然，而且是绝对的。你看巴菲特为什么要减码苹果，纯粹是基本面的变化吗？没有价格过高的问题吗？没有估值过高的问题吗？估值过高也可以是一种技术面的问题，你可以把它解释成PE太高了，或者可以解释成它的PB太高了，可以解释成它的成长性不够，也就是说市场价格可以用基本面来解释，也可以用技术面来解释的时候，你非要把它切成一半，这就是价值型的，这就是技术型的，这个是多余的行为。在我的系统里面，比如我跟你说的，要资金属性，要选择标的，然后要有基本面技术面，其实它是融合了价值跟技术的，既有价值型的思考模式，也有技术型的思考模式，两个就已经融合在一起了。

一目均衡表也是，它可以在所有的标的里面去做，凭什么？你单纯地用基本面或用价值型来解释一目均衡表是解释不完整的，你纯粹用技术型，比如黄金交叉、死亡交叉的东西来解释，一目均衡表也是不足的，也解释不了。只有把这两个东西整合起来，去解释它，去看它，去使用它，你才能够得心应手。所以在我的认知里面，所谓的价值型跟技术型的这两拨人在吵架，往好的方面想，可能只是各自的认知程度不同罢了。

其实还有一种理解就是卖方思维，证券公司为了要卖报告，必须要有各种说法，各种说词，各种解释，如果到最后只有一种解释，那还卖什么？只是一种卖方的手段。

卖方最喜欢把东西复杂化。

细化、分散化，然后展示各种不同的面貌，这是他们最喜欢的，因为这样他们才有钱赚。但另一方面，没了这个复杂化的市场现象，市场波动率就不能成立，因为没有多空双方的吵架态势，就没有交易标的的差价可赚了，那就更不好，也不是我们想看到的某种过度稳定的共识，就是说市场的不共识才是我们想要的共识。

在交易中博采众长是不是会比精研一种相对好一点?

可以反过来说，当你的一种东西或你认为的这一种东西是有效的时候，它应该放诸四海皆准，那样才叫有效，才有钻研或精研的意义。因为你钻研到最后一定要得到一个最有效的东西出来，而最有效最有用的东西到最后应该是放诸四海皆可用的。

至于说有效的高低，有些人要翻番才算有效，像我是年化10%我就觉得有效。这个时候牵扯到你资金量的问题，你是大资金还是小资金。假如你现在去跟机构说，我有一套策略，我有一套方法，我有一套交易系统，每年都可以帮你赚翻番，你觉得他会怎么看你？他不把你赶出去才怪。他的下一个问题一定是跟我一样，既然这么有效，你为什么不到银行借10个亿，每年翻番去？为什么还来给我推荐，还来跟我推销？

你怎么看待主观交易，交易是否一定要量化？

量化是一个必要的过程，必要的手段，而且是一个必要的工具，但是最终实现你的利润或让你快乐赚钱是主观的。

处在统领地位的是主观的?

一定是主观的,因为那是信仰。

你在选股过程中最看中什么指标?

赚不赚钱,EPS的成长性。不赚钱,你股票的价值怎么上去?股票的价值不上去,你价格怎么上去?如果市场情绪再加一点,你股价上去才会有溢价,对不对?不会折价,会有溢价,那你的差价才会大。所以最基本的就是你的股票所属公司的赚钱能力,赚钱能力最简单是体现在EPS。如果你的EPS的成长性够的话,那么公司的资产就应该往上垫,你的股价也应该往上垫。

其实做价值型投资的人,他们的唯一标准就是看EPS的成长性。你跟我讲这家公司还在赔钱,它现在是一个烟蒂股,是一个还没有成长起来、还在赔钱的独角兽,可不可以?可以,这种逻辑也可以啊,但是用你的钱不是用我的钱。我不会反对这种操作，因为我偶尔也会做这种操作，但是这种操作的资金量肯定是非常少，而且某种程度它已经被我定义成投机行为，而不是价值操作。

真正的价值操作就是它的EPS有成长性，所以我在选股的时候EPS可以说是一个绝对条件。不能说一票否决，但对于我配给它的资金的高低有很大的影响力。你说像现在中国平安不好，可是它还是在赚钱。

平时在交易过程中会关注宏观经济吗？

其实对宏观经济，严格讲我没有看法，我只能就当下宏观经济的变化对市场的影响是正面还是负面来做出判断，然后做出操作的决策，这个操作的决策就是我仓位权重的高低。比如我现在美国是做空的，连多单都没有，日本我是多空都有，德国我是做多的，中国我现在是只做多不做空，宏观经济会让我的持仓有权重不同比例的变化，或影响我做出对冲这种判断与否。

什么样的特点会让你决定长期持有一家公司？

EPS就够了，因为一家公司比如说企业文化，它的赛道，它的技术，它在行业的定位，方方面面的这些条件，它是不是一家够优秀的公司，这些都会体现在EPS赚钱跟不赚钱上。如果这家公司每年都在赔钱，你还告诉我说它是一家好公司，那我就没有办法接受了。

但是有时可能无法判断它的成长性是否已经体现在股价上面了？

那就涉及有没有溢价了。我们再拿中国平安来讲，比如它的估值是60块钱，现在是50块钱，表示它折价了10块钱，那可不可以买？可以买。但该不该重仓？不应该。因为市场气氛不对，价格也没有反应，就这样，就牵涉到估值的问题。

你个人会不会认同巴菲特"持有一辈子"这种长期投资？

偏极端的长期是他70岁之后的事情，意思就是他70岁之前还是飘来飘去，为什么？因为他的总持仓里面还是有三四十只股票，现在也是，他现在总持仓里面还是有将近40只股票，足够分散。只是说前10只股票占有80%的资金，其中苹果有40%，所以他还是有分散。你看现在可口可乐的仓位他已经少到不行了，他还是在变的，所以我觉得这种不变的逻辑只是一个说法。

你觉得如何避免交易中的"手痒单"？

不要避免，手痒你就拿一手去做，不要避免手痒单。

我觉得不要避开人性，不要害怕人性，要给它出

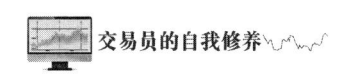

口。一旦有了出口，大事就变小事，小事就变没了，就是我经常讲的把一手烂牌打成好牌。这种手痒单是不是烂牌？是不是不好？是，大家都认为不好。你怎么样把它变成好的，总是要付代价，有选择就有代价。

我很愿意去付所谓的代价，但是付这个代价值不值得？包括时间，包括金钱，甚至包括感情都一样，我们都可以付，不要怕付这个代价，但是你付这个代价值不值得？生活上不要太功利，不要想着我付这个代价就要收回什么，能不功利就尽量不要功利。但是在交易市场里面，那就要绝对功利，交易市场里面没有感情。

你是特别有计划的一个人，跟大家谈谈在交易中应该如何制定交易计划。

因为目标是不赔钱，是希望有时间自由，所以在不赔钱、有时间自由的大目标下，我去制定各种计划或想各种方法。当你有想法有计划之后是不是会遇到变数？我们经常说计划赶不上变化，所以要有应对策略，要有应对市场变化的灵活性和灵活的态度，不要有太多的自我。

我经常跟交易员谈一个概念，我们对市场的价格一定要尊重，当前的客观事实是什么，我们就要思考用什么策略。如果你对当前市场的客观事实不尊重，比如明明走震荡行情，你偏偏要用趋势策略，明明是趋势行情，偏偏要用震荡策略，那你不是反着市场走吗？有选择就有代价了。

尊重市场，掏空自己。我们是很主观的，但是我们要很客观地去面对，因为我们想要在这个市场赚到钱。如果你用绝对主观的方式去做，那就变成赌一把，赌我这个绝对主观的想法是对的，市场是错的。当你要去验证市场是错的，你是对的，那结果可想而知。

在你最近的计划里面，比如说对于这个标的，你没有想到它会出现这种机会，但是现在盘中就出现了，这个时候你会第一时间进场吗？

我们持有的股票会有所谓的交易池跟观察池，在交易池里面的一定会做交易，这个完全照计划和模型来跑就好了。会产生你所说的问题，常常是在观察池里面，我看到了机会。

通常在做资金配比的时候，我们一定会留一笔钱，以备机会出现的时候去做操作，所以只要这个观察池里面出现的机会我看到了——但通常会看不到，有时候太多了或时间关系等原因，它走上去了你才看到，通常这种错误都会犯——但只要我看到那个机会出来了，我一定是钱就配进去了。

像最近的数控的、专精特新的这个赛道就是这样配出来的。

第二部分　交易系统

你现在还会每天写交易日志吗？

现在不会了。但是会去思考今天的交易结果和今天的动作，如果没动作就不用看了，如果有动作，会分析我这个动作是合理还是不合理，是不是在计划内，是不是在该有的行为内，如果是，那就不管它了，如果不是，我就会思考为什么不是。

你觉得不用实际资金进行的模拟交易有它的价值吗？

肯定有。但是模拟交易分两种，一种就是你拿一笔模拟的钱来进行交易，但是我所谓的模拟交易不是这种方式，而是去模拟我当下的交易逻辑或交易系统，比如说一目均衡表，当一目均衡表告诉我说要买要卖，这个逻辑都非常清楚，你也都很清晰，盘中你可以做，但是收完盘，我还会用一目均衡表的逻辑去看所有这些可能的股票或期货品种，去看这只票在当下的行情可以怎么

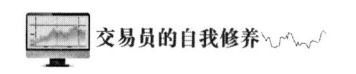

做，或应该怎么做。

这其实是一种检验。

对，与其说模拟，更多的应该是检验，更多的是通过模拟行为来检验这套系统的有效性是不是还存在。

你对一目均衡表已经具备了绝对的信念，还会经常这么检验？

对，还会。

目的是为了看这段时间它的适用性？

是，也避免我忘记它。

第二部分　交易系统

反复强化自己的这种肌肉记忆。

对,有足够的量才会质变,而质变之后还要靠更多的量来维持质变之后的品质的有效性。

我再讲一遍,要质变必须要有量变,有足够的量才会达到质变。质变之后要让其结果的有效性持续,也还是要有足够量的检验,才能够确认质变之后的结果是不是持续有效。

所以至少到目前为止,我不会怀疑我的交易系统,为什么?因为我随时都在检验它。哪一天我发现哪边出问题了,那就是我开始动手改变这个系统里面东西的时候。

交易中你是如何尽量控制自己的情绪的?

找出口,让情绪有出口。情绪不来的时候你很理性,但情绪来的时候你要让它有出口。

不要去控制情绪，顺着它，但是要有效地顺着它，甚至说有效地利用它，因为我们是人，没有那一点情绪我们活着干嘛？没有意义，那就跟机器一样，没有价值，机器没有情绪但也是最没有价值的。

在一段时间持续的亏损之后你会怎么做？

看合不合理。如果这个亏损是合理的，那表示是我该赔的，该赔一定是在你可以承受的风险下的该赔，那就让它去飘，为什么？因为它总有一天会飘回来。但在期货市场里面就没有这种"飘回来"的问题，所以我经常讲说期货市场是最无聊的，股票是最有乐趣的，因为股票会有飘回来的时候，但期货你等不到它飘回来，在它还没飘回来的时候，你已经死无葬身之地了，所以做期货就一定要非常理性和逻辑化，该止损就止损，该清仓就清仓，要有反手做多、反手做空的能力。

第二部分 交易系统

判断它合不合理,是不是在计划内的亏损,比如说像今天的比亚迪,今天比亚迪又下来了,我最后一手比亚迪你还要叫我怎么去做,接下来就清仓了,但是比亚迪我不想清仓,那就表示今天的赔是合理的。比亚迪现在是260,它可能又跌到160,可是我就一手单从260赔到160,跟我满仓20%赔到160,那意义完全不一样,价值也不一样。

不要刻意地去改变什么,不要对抗。你也可能心思比较大一点,不只想要赚到合理的钱,还想享受到合理的快乐,甚至赔钱时合理的痛苦,合理的难受。在合理的快乐跟合理的不舒服的过程里面,就体现出了我们作为一个交易者和资产管理者的乐趣。

但是我不会拿别人的钱来这样做,我一定拿我自己的钱来这样做,因为我现在只做自己的钱,所以我可以这样玩。当有一天我做的是别人的钱的时候,我的思维模式又变成在帮人家管理资金的思维模式,那又不一样,所以前提就是你是拿自己的钱在做,还是拿别人的钱在做，那绝对会影响到你后面的所有流程。你要先解决你的资金属性是什么，你需要保守操作还是积极操作。我现在资金属性是可保守可积极，但是我现在用的是保守的操作，所以才会有刚才那些做法。但如果说我用别人的资金，行情不对我肯定就全部清仓了，连一手都不会留，我就是要吃最大的鱼身，态度是不一样的。既然态度不一样，资金属性不一样，你整合出来的策略、操作模式、操作逻辑就不一样。

你认为在市场上长期生存，最关键的是什么？

策略的有效性，如果你的策略是有效的，它自然而然地就会带领你持续地活下去。如果是一个失效的策略，你老是在赔钱，不要说被市场淘汰，你自己就会淘汰你自己。所以到最终就是你策略的有效性是不是存在，这也就是为什么我要不断地去检验我的系统，每天要复盘，每天要模拟。

第二部分 交易系统

如果已经形成了一套有效的系统，当某段时间策略不适应或失效时，这段时间你会怎么做？

看你用什么标准来认定或证明它是失效的。还是那个逻辑，就是这个不适应现象，是否是在计划内的亏损，就是赚该赚的、赔该赔的认定标准，这个标准我已经用了快20年了。

你如何处理极端的行情？比如突然之间不利于你持仓方向的一些事件出现。

比如说你刚好重仓某一只股票，结果这只股票就出现了黑天鹅，不管任何理由，反正就是突然跳空下跌了，那就是在能够清仓的情况下全部清仓，重新来，无条件地，因为它已经质变了，质变是大前提。

市场的变化我们还可以接受，比如市场情绪的变化我们都可以接受，就像顺丰控股、上海机场，甚至现在的京沪高铁，这些都是基本面有一些问题。顺丰是因为高层有一些经营策略的错误，所以造成这些问题出来。上海机场跟京沪高铁是市场性的问题，就是疫情关系影响，出现这种极端情景。这种情景我反而会加码，我反而会给予更多的权重，资金量会给更多。但是那种质变的，比如说公司面临一个严重的政策变化，像集采，医药股现在很多都被看好，但是因为集采，本来三四万块的价格被打到七八千块之内，那就已经实现了某种程度的质变，也就是说公司的获利问题已经变得很大。

在非质变的情况下，出现这种意外的小概率事件，反倒会加码，在加码的时候，会考虑结合你的技术系统吗？

肯定要。我会尽量在最轻仓的情况，就像现在中国平安、上海机场，或者是顺丰，其实个别的股票对我来讲都是很轻仓的一个状态，都在百分之六七这样的仓位，都是非常轻的仓位，只有京沪高铁算高一点，有20%。

一家公司你非常看好，没有发生质变，但是出现了一个短期的小概率事件在下跌，短时间你首先会做的还是减码，对吧？

先少量减码，减到一个比较舒服的状态，因为你看好它，通常你某种程度已经有点重仓了，像上海机场或是中国平安，在今年的第一季度其实他们都还是很好的，都还在创历史新高，只是第一季度尾到第二季度一路这样掉下来。

在《一目均衡表》这本书中，你提到了"不要只会用刀和剑，还要学会用航空母舰"，在这里"刀和剑"指的是什么，"航空母舰"指的又是什么？

"刀和剑"就是单纯地用它去买进卖出，只用一目均衡表的云层、迟行线、基准线、转换线这些东西就是"刀和剑"。但是它后面还有什么？还有时间周期，还有波动幅度，还有价格形态，等等，这就是不止"刀和剑"了，是更完整的一套类似"战斗机"的框架，或者有足够像战斗机那样子的战斗能力。

什么叫"航空母舰"？就是你的标的不是只有一个，牵扯到我们说的多市场、多策略、多周期，就进入到我所谓的"全球交易中心"的概念，就是我的下面有n个交易员，有n个投资经理，有n个市场在做交易，有n个策略在执行，有n个周期在执行，整体统合起来叫做"航空母舰"，当你在航空母舰的状态下，某一个交易员走了，某一个策略失效了，某一个周期赔钱了，都不会有什么太大的影响，都是可修补的。

我们经常在讲交易员有一种能力很重要，就是自我恢复的能力，比如说我可能这段时间赔钱了，但是他不会被打败，比如说我这一波赔了20%，他有能力在未来的一段时间里面把赔的20%赚回来，然后再继续赚。

亏钱之后再回补赔的钱,再继续赚的这种我强调的自我恢复能力,交易员本身可以持有,投资经理本身可以持有,你是"战斗机"状态下的一个模型也可以有,那"航空母舰"当然更可以了。

因为我现在一个人,只要我个人的自我恢复能力足够就好了。

目前有具备你说的"全球交易中心"这种性质的机构吗?

如果一定要说有的话,张磊的公司算,还有达里奥,他们可以算"全球交易中心"的概念。张磊还是有点偏中国跟美国,还没有到全球,也可能已经到了,只是权重的问题。达里奥算标准的"全球交易中心",索罗斯我觉得还不算,巴菲特就更不用讲,他不算,他就是一套自己的价值投资的模型在运作而已,只是因为他名气够响亮,大家对他信任度够高,所以他管理的资金比较多。

也就是说大部分机构事实上都够不上"全球交易中心"的标准。

在某种程度讲,应该都还在"战斗机"的状态,还没到"航空母舰",还没有到"全球交易中心"的状态。

"全球交易中心"是一个理想状态,你将来也想一步一步到那个状态?

曾经的希望。我已经把它写在书上面了,跟很多人聊天的时候,我也会去讲这个东西,所以如果真的有缘人听到了,他可以有机会去做这些事情,我觉得就把舞台让给年轻人。因为我现在的年纪也好,或者方方面面的追求也好,已经不适合再去做这件事,可以做,但是太折腾了,除非有一个很重要的理由让我去,要不然我觉得就交给别人。

（中场休息时黄老师下了几笔单）

这么短的时间内，还能在中间下单。

对，看一下有需要下单的，我就下了几笔单。

这么短的时间决策，不怕自己判断错误？

因为已经形成了一个交易闭环，在交易闭环内或在这个逻辑内，该下就下。至于说对跟错，一年后的事情，就是年底再来判断最终的结果是什么就好了，就不要去纠结说当下这一笔单是怎么样，太辛苦了。

像我现在烦的只有一个问题，美股要是下来的话，对其他股市，比如说对港股、对A股的影响是什么？我只考虑这件事情，这是现在让我专注的最大问题。

目前很多人都在盯着美股。

其实现在政府已经超前布局了，所以对A股的影响力我觉得还好，港股会比A股敏感一些。台股是最敏感的，因为台股几乎完全是跟着美股在走，像我今天早上就是把台股一个比较重的仓位全部清掉了，全部获利了结，一手都没留，不是我看不好，是因为我要控制整个仓位，基于美股下来的可能性去留仓位。

我们对市场有一定的看法，去匹配看法的操作策略是什么，然后去做就可以了，而这个做也不能违反你的交易系统，要有灵活性。又不违反我的交易系统，又不违反对未来变化的一种匹配性，这就是我所谓的基本面跟市场面的共振问题。比如说美股和A股未来共振，两个都往下掉，我怎么应用？如果不共振，一个往上一个往下，甚至不排除美股跌得少，A股跌得多，有没有可能？或者说港股跌得多，或台股跌得多，也是有可能，这都不矛盾。在做情境分析的时候，我们会有各种情境的一个设定，在不同情境发生的时候，我应该用什么策略，这些策略和想法都应该准备好，剩下就是等事实发生。其实我在央视的采访里也提到过。

一般的投资人，他要的就是买在最低卖在最高，他希望赚最大的差价。这不是不可以，绝对是可以的，但要匹配这个目的，你要用什么工具，你要用什么策略，你必须要准备好，问题是你没有准备好。不是你不可以有这种想法，可以有，但德不配位怎么办？

平时交易中，有没有喜欢的座右铭？

"倾听市场的声音"。

这句话是从最早我写书的时候，一直在跟投资人讲的一个观念。到现在二十几年了，这样的一个思维，这样的一个方式，可以说仍是重中之重，核心中的核心。

讲更直白一点就是把自己拿掉，倾听市场的声音。那是对你最有利的方式，是可以"滔滔不绝"的方式，是必然要形成的。你不"滔滔不绝",那你来这个市场干嘛?你不"滔滔不绝",这个市场对你的价值是什么?这背后也是在问,你的信仰是什么?

因为我是要一生磨一剑的,既然要用我的一生来磨这一剑,我就要在一生里面"滔滔不绝"。"滔滔不绝"是我们的目标,而且已经有人做到了,凭什么我们自己做不到?在交易这件事上,我们必须恒久忍耐、恒久努力。

张磊在谈《价值》这本书的时候也提到过,他要追求的是一个长期价值,就是要一种"滔滔不绝"的状态。那本书其实就跟达里奥的《原则》差不多。但那是他的思想的基础架构,上面怎么盖房子,有什么东西,他当然都没有讲,不像我们现在在讲这些东西,我已经把房子怎么盖,也就是交易系统的内容都讲了,但是我相信张磊他们不会去讲这个东西,达里奥更不会去跟你讲,让他们把核心东西掏心掏肺说出来,从商业价值的角度来看是不可能的。

今天我们可以这样聊天，是因为已经不冲突了。如果今天我是一个私募公司的老板，我是一个投资经理，是不可能讲一些东西的。

你上次录制《一目均衡表》抖音介绍视频的时候是在家里？

对，在家里，跟做交易时的环境是一样的。

有的人可能觉得在家里面专注度不够。

对我来讲没有这个问题，就算外面吵得再厉害，对我来说不会有影响。因为我脑筋的转速很快，到我已经可以不去理会外界噪音的程度，因为别人的转速是跟不上我的，所以对我来讲没有影响。

你觉得对于个人投资者来讲，他的资金量到什么程度可以开始考虑多市场配置？

钱越多越好。如果你现在手上有100万，你打算做权重型的股票，那可能就只能做一只；如果你打算做中小型的甚至小型的，可能就变成两三只。如果中小型的股票你想要做每次都all in进all in出那种模式，而且只做一只的话，可能需要一二十万的资金量。

如果反过来说我现在有100万，我就只想做一只小型股，可不可以？也是可以的，但要考虑的是风险。多少钱做多少只股票，其实到最终你的判断或者是决策的逻辑是在于你想要承受什么样的风险，去赚什么样的钱。

你想要在一只小型股，或者在一只龙头股，或在一只热门股上面去做100万、300万甚至1000万，这种all in进all in出的方式都是可以的，因为那是你的钱，不是我的钱，那是无所谓的。但要强调的是，你能承受多少风险，自己要很清楚，你不能说不清楚，或者把风险放在一边就不想了，只想赚到钱的这件事情，当然那也是一种选择，只是我觉得那种选择不专业。

个人的资金是不是要进行多市场配置，主要还是要考虑你的资金量和你的风险承受度？

钱越多越能够分散，越可以做更多的市场。你说像达里奥、张磊或巴菲特他们那种资金量，你能不做多个市场吗？

第三部分

交易与生活

以前在公司时,我的时间安排会偏向工作。现在因为完全在做自己的资金,相对来讲现在的安排就变得偏生活。做资产管理是必要的,但不是绝对的,顺序上生活排第一,工作即做资产管理排第二,所以我会花很多时间在上面,但是那也是生活,其实交易已经变成我生活的一部分,我的交易跟生活是没有办法分开的,你不能说这个就是生活,这个就是交易,对我来讲没有严格区分。

第三部分 交易与生活

在一个典型的交易日,你的日程大致是什么样的?

也没有什么固定的日程,反正早上一睁开眼睛就是先看全球的新闻,看全球市场的变动,从六七点开始看,看一个小时到八点,这中间就能把饭吃完。

是认真看还是大概浏览?

看关键词,自己脑子里面一定有一些关键词是很重要的,就从这些关键词里面去找新闻。可能我已经看了100条新闻,但真的会让我点进去看里面内容的可能也就那么几条,所以对信息进行筛选是比较重要的,一个小时下来看两三百条新闻很正常,但是真正点进去的可能就不到10条。

如果有一些比较重要的或者我感兴趣的新闻出来，就看得比较久一点。

看完新闻之后，在开盘前把自己持仓的所有股票稍微看一下，很多人在盘前的复盘做很多的功课，我不会做很多功课。

你这个过程主要是看什么？

看现在的价格位置，看持仓量，看总仓量。因为前面已经看了一段时间的前天晚上的所有新闻，对接下来行情的变化已经有一点概念了，在这个概念下，对目前的持仓量和持股数，或者说整个风险，可以初步判断是在我可接受还是不可接受的范围。像我们现在在讲话，如果我现在的持仓量是在我可接受的范围，我就可以很轻松地去聊天。但如果说现在的行情变化跟我的持仓位有问题，我可能就不会在这边讲话，而是在盘面上面去调整我的仓位。

盘中就是做这些事情，看看新闻，看看有什么行情的变化。但我不会去看什么热门股或者是什么板块，我只会去看我认为接下来重要的赛道，像我们之前提到的，比如说新能源的赛道，专精特新的赛道，还有芯片的赛道，这三个赛道是我现在仓位里面重要的三个，金融、民生必需品这些也都有，再加消费品，比如上海机场、京沪高铁、中国平安，这些都是列入到消费的，是永远的话题。世界再怎么变，你总是要吃喝玩乐，这些都一定是必要的消费赛道。

交易时间你会关注这些赛道相关板块的行情变化？

行情变化会看一下，只是瞄一眼的那种感觉，主要是看有没有什么特别的情况出来，像我说的基本面跟市场面有没有共振，盘中也要去看这些共振有没有出现。

如果说没什么出现的话，表示我今天都没什么事，

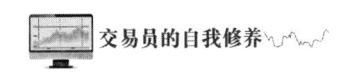

我就专心看一些盘面的信息。如果今天我要出去玩，出去旅游或者怎么样，我就不会去看这些东西，我不会为了要去看这些东西而去看这些东西，而是在我的生活里面有时间我就看，没时间我可能就不看，但是我的仓位一定是在我最舒服的状态。

下午3点休市之后还会再关注其他市场吗?

会。因为我还有港股，然后欧股也快开盘了，美股也快开盘了，就晚上9点。会稍微去注意一下它的国际性的新闻。

因为我现在持有的欧美的和日本的股票都是ETF，所以我只要看大局势、宏观面的东西就好了，不需要去看太细的东西。以前细节的东西看太多了，有点烦，就想说不要再把那么多时间都放在那上面，所以才会慢慢转成做ETF。做个股真的是很有乐趣，但是太辛苦。

在一个正常的交易日，你的主要精力是放在哪里？

简单讲就是风险管理。

不管是我个股仓位的风险，或总体仓位的风险，是偏向有利的，还是偏向不利。做出判断之后，再去做调整。

晚上看盘大概会到几点？

到八九点我就不管它了。其实说看也只是瞄一眼，因为有时候也会追剧，也会看一些东西，或者说做一些自己想做的事情，不是说每天盯着网络不动或是怎么样。那些东西你要关注，但不需要太用力，这个非常重要，要不然整个生活就被打乱了，还是以生活为主，钱也要赚，但是不要因为赚钱而去打扰到生活。

说到生活,你觉得进入交易这行,对你生活上最大的改变和影响是什么?

有事做,不怕没事做。

以前在公司时,像在基金公司、证券公司、期货公司做自营或者是做资产管理,我的时间安排会偏向工作。现在因为完全在做自己的资金,相对来讲现在的安排就变得偏生活。做资产管理是必要的,但不是绝对的,顺序上生活排第一,工作即做资产管理排第二,所以我会花很多时间在上面,但是那也是生活,其实交易已经变成我生活的一部分,我的交易跟生活是没有办法分开的,你不能说这个就是生活,这个就是交易,对我来讲没有严格区分。

这种交易跟生活逐渐融合的状态,大概有多少年了?

二十几年了,从我开始做交易的时候。从1996~1997

年写程序那一年开始,我的生活跟工作就没有分开过,就一直是融合的。

只是重心有所倾斜?

对,重心有倾斜。

一开始重心在交易那一块的时候,对生活会有一些不适的影响吗?

没有,不会,因为我是乐在其中。工作久了,我会去休息一下,过自己的生活,比如说陪我老婆,去做一些社交活动等等,做完之后再回到工作。对很多人来讲,他是回到工作,可是对我来讲,我是回到我喜欢的事情上面。

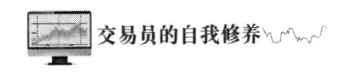

家人也支持。

对。因为那是我的一份工作,也没有所谓不支持这种事情。

在我的观念里面没有所谓的"炒股","炒股"这两个字我经常听,但是在我脑子里面根本没有这两个字的定义。

它就是一个工作。可能我在资本主义环境里面长大,所以在我的脑子里面,金融或股市这种东西本来就是我们生活的一部分。

你当初选择居住在成都这样一个城市,而不是上海、北京,是什么原因?

缘分,这个是蛮讲究缘分的。在2015年的时候,我也想在上海或北京找一些机会或工作,也有在谈,但最终就是成都这边先成了。我都是这样的,其实很多事情都一直在做，只是这个先成了，然后我就做这个，没有说特别去比较谁好谁坏，没有那么多比较，如果有那么多比较就容易陷入一种选择的漩涡，这边先成了就做，其实如果当时上海或者北京那边先成，我可能就去那边。

所以随缘，不那么强求，因为机会太多了。

你提到你的阅读量是很大的，原来的近百本，现在每年还会看四五十本，目前这些阅读主要是哪类？

比较偏中国的历史书，国学的书，比如说古代人怎么生活，像道德经和四书五经这些都有，我现在更专注这些书，而且有时候甚至会看三遍四遍。像我现在在练毛笔字，我就拿道德经来抄，已经不知道抄了几遍了，抄了几遍你在这个过程就读了几遍，你对它的体会就会不一样，现在对我来讲也是一种乐趣，也是一种生活方式。

现在交易理论的书还会读吗?

会。现在出的书已经没有太多新鲜的东西,但我还是会去看,以前看那种书可能要花一天两天,现在可能是一个小时两个小时。

我看书一直有一个习惯,就是我会先速读一遍,速读一遍之后觉得这个书值得我细读,我才会花时间再去读。所以比如说我细读了100本书,但事实上我速读的书不止100本。现在的话我更会选择,因为专业的书已经看得够多了,所以能够让我细读的那一类书就变少了。现在国学或是欧洲历史的书,那些非金融专业的书,我反而会看得更多一点,尤其这两三年看得更多。

读过这么多书,不管是跟投资交易有关的也好,还是无关的也好,有没有想给读者朋友们推荐的?

其实我觉得国学的书是一定要读的,四书五经这些养气，而西方的哲学、数学、心理学、统计学这类则是练心。对资产管理而言，博学能力是必须培养的。

你觉得对做交易的人来讲，这些书会产生什么作用？

交易到最后是在交易哲学，在交易人性。而发现人性，发现所谓的哲学，不管是别人的哲学或自己的哲学，你都是要站在巨人的肩膀上面去发现。

那些国学的书是中国历史几千年积累下来还可以被接受、被认同的书，说更简单一点，这些国学的书是中国人的根，你只要是中国人，你站在中国的土地上面，这些书籍，这些智慧，这些古人留下来的东西，包括中医，这些都是你的根。就像西方把《圣经》当作他们的根，道理是一样的。你连自己的根都不知道，你就很容易迷路，就很容易去问我是谁、我从哪里来、我去哪里这些问题。但如果你知道自己的根，你就不会再在这些问题上迷茫。

你说读这些跟交易有什么关系？当你都不知道你是谁，你怎么做交易？到时候很容易变赌徒。但是当你知道你是谁，知道你的根在哪里的时候，你首先就会意识到自己要赚什么钱，你不会有疑惑，甚至延伸下去，你会知道如何去赚快钱，如何去赚慢钱，这些你都会去学习，进而会去提升自己。到最后你有技能有技术，还会怕在这个市场赚不到钱吗？

所以你看这样一路追根究底下去，你要知道你是谁，那你就必须从国学里面去了解自己，难道你要从《圣经》里面去了解中国人是什么吗？

我最近在读毛选，也在读马克思的东西，《资本论》我也读过，像这些伟人很重要的书籍我们也要读，知道我们是谁，去理解我们处在什么样的历史位置。你不能说我是新的，我就抛弃旧的，就我个人来讲，我不会因为要找一些新的东西，就把旧的丢掉。我不晓得这件事是不是符合大家的想法，但是我不是那样子的，我也不认为那是OK的，因为只有了解自己的根，你才知道怎么变新。

像很多人讲日本人很会创新，其实日本人的创新很简单，它就是在原有的即旧的基础上面去做一些改变，然后他就认为这是创新。你看日本很多的小玩具，或者一些工具，都是在旧的基础上面去做一些新的改变。从一个旧的东西里面做一些改变然后变成新的，这样做的基础是因为你有旧，然后你才会有新，而不是说有我有了新的就把旧的完全丢掉，我觉得那样逻辑上就说不通了。

你觉得有哪些特别适合交易者的生活习惯或放松方式？

爱上交易。只要真心地爱上交易，你会想尽所有的方法让自己乐在其中。当你乐在其中，就没有所谓的放松不放松，压力也会变成动力。要真的乐在其中。

不要太想着赚快钱，不要太功利？

这是两难的回答，你说不功利，我们很功利，因为要赚钱怎么可能不功利，有私心是肯定的。但是怎么样赋予"功利"一个属于你自己的独特的价值，它是什么？

比如现在交易对我的价值就是，它是我这一辈子要做的事情，一生磨一剑，我这辈子就是磨这一剑，因为这辈子磨这一剑我得到的利益好处和所谓的"功利"是最大的。这个"大"不是说我赚了多少钱，而是在这个过程当中，我的生活和时间是最快乐的，我赚到了快乐，这种快乐的感觉不是你花几个亿或几百个亿可以赚得到的，你说像现在很多有钱人他们是不是快乐？

很多人可能就是越有钱，反而烦恼越多，所以财富跟快乐有一定的匹配度的时候，它的价值才会是最高的，幸福感才会是最多的。

你觉得全职还是兼职做交易合适?

看你阶段。如果年轻的话，我觉得要兼职做，在年轻时去学习这些交易的知识、技术、技巧，能不赔钱那是最理想的，如果赔点钱也没关系，总是要付出代价。学了一段时间之后，你的知识储备和技术技巧都已经到了一定的成熟度，然后再有那么一个因缘际会，再进入到所谓的全职，而且不要强求，还是我说的缘分，或者说时机到了，就算你不想做，那个时机也会推着你去做那些事情，而不是你去强求。

当然你去强求也可以，我就是在这个时候要去全职，就是在这个时候要去赚最多的钱，可以，你有选择的权利，但是你要为此付什么代价要自己想清楚。

你个人从交易或者资产管理中赚到的钱，会拿出来在其他领域进行投资吗？

不会，因为继续投入的效益是最高的。我再把钱拿出来去做别的事情，那个事情可能不是我专长，甚至不是我懂的行业。你说很多人投地产，可能几年就翻一番，可能现在一平米一万块钱，几年后就变成两万块，但是它的变现能力太差了，我可能享受不到那个钱，或者说我想卖的时候卖不掉。像现在这个阶段，我相信很多人想卖房子，但是他卖不掉，买房子他又买不到，所以这种房价的上涨对他来讲只是一个纸上富贵。

可是我们在资产管理里面，不管你做股票，做期货，做期权，如果你的变现能力是很强的，安全性就很高了。如果说你的技巧，你的技术，你的能力够好，翻番也不是不可能的。

现在的人生阶段，除了做资产管理，你还有没有其他的人生目标？

我有一个"全球交易中心"的想法，以前是想要自己做，现在是觉得谁能去做，然后在这当中我要是能够做一些事情，我就去做。但是理想很丰满，现实很骨感，我们不会白白地花时间去做这些事情，不会毫无利润地去做这些事情，不会说无厘头地去做，一定是有计划地，有阶段性地，有顺序地，一步一步地，可能我们会花个10年、20年、30年，甚至花一辈子去做这件事情。

有机会还是希望能搭建这样一个平台？

看机会吧，就像我刚说的，如果真的机会到了，他会迫使你去做这件事情。

但我可能不会像以前那么积极地想要去做这件事

情，更多地是变成辅助的角色，还是要把舞台让给年轻人，我觉得我再出来去领导这个东西也可以，但是这种折腾的价值，我出来做所谓的领导者，或者说去投资这个东西，然后去引领，这个过程对我来讲现在已经不是最好的事情，让年轻人有机会有舞台去发挥他的优势，我在后面做支撑做支持，反而是更好的。

你觉得在什么情况下有可能会彻底退出交易这个行业？

完全退出交易吗？我死了，只要我还有呼吸就会一直做。有一个美国的投资经理，109岁，他在死之前还在做交易，就是那样的，我相信巴菲特也会是这样的，在他死之前一定是做资产管理。每个做交易亦即资产管理的人到最后一定是这样子的。如果你不是这样子的话，那表示你不是做资产管理，或者你不是真的在做交易，你只是想利用这个市场来赚钱而已。

闲谈城市与自由

从财富自由到财务自由,到时间自由,再到精神自由,这四个自由有了,人生就不会遗憾了。

成都对于做交易的人来讲感觉太舒服了。

对,所以我就经常跟朋友讲,交易员就应该到成都来生活。现在我知道的丽江也有几个交易员,而且基本上都是不做别人的钱,只做自己的钱。

那挺舒服,不用承受外部压力,只要自己的那套东西已经够成熟了,就很稳。

类似这样的人,我觉得在国内以后会越来越多。

对于一个资金量不大的交易员来讲，稳定之后，每年哪怕15%~20%的利润，对他来说在这样的城市生活就足够了。

比如说你的本金是300万，一年只要有10%，在北京生活都够了。

我觉得这真的是可以实现的事情，真的不是梦。而且我觉得这个还是低标，如果某年行情好一点，你会稍微努力一点，可能就到20%、30%。

而且在这种地方心态相对来说可能会好一点，不像在北京上海，身边的人都在快速地赚钱，有时候你就难免会着急，会冒险。

但我还是鼓励年轻人去上海、北京待一段时间。

闲谈城市与自由

然后才可能知道这边的好是吧?

因为在北上广待过之后你才会知道,原来大城市是那个样子,这就够了。而且在那些地方你有个三五年,甚至十年的训练,你再回到成都来,你整个做事的方法、效率跟你看到的东西就不一样了。

这其实也是另一种形式的降维。

对,就必须要这样子。

在成都这样的城市和消费水平,成熟的交易员有一两百万的资金,在这里交易与生活就太舒服了。

你不要乱花钱,合理地花钱就好了。
你在退休的过程里面,比如说一季一城市或一年一城市四处旅行,但是你的财富在增长,你不是在消耗你的财富，你是在增长你的财富，而且你的生活品质是越来越好。

而且时间是你自己的。

所以我经常讲，人生其实有四种自由。

一种是财富自由，这种财富自由可能是你中了头彩，可能是继承了一大笔遗产，马上就有钱了，这可能就属于财富自由。

等你有一套交易系统，有一套交易方法，已经可以稳定获利，你就可以有财务自由。

财富自由跟财务自由最大的差别就是，财富自由是钱花光了就没了，财务自由是钱花光了还可以再继续赚，你还有方法可以再赚进来。

第三个就是时间自由，因为你已经可以稳定赚钱了，已经有某种程度固定的收入，就像我们今天讲的这样的一个收入，剩下来你就有更多的时间，你就实现了时间自由。

第四个就是精神自由,精神自由就是说你不只是有钱,有时间,你在你的人生哲学里面也找到了你的方向,你有你的人生信仰,可能这就是精神自由,因为你的精神已经有了寄托。

从财富自由到财务自由,到时间自由,再到精神自由,这四个自由有了,人生就不会遗憾了。

延伸阅读

中国顶级交易员访谈丛书,为您解答交易中最重要的问题单

* 专业投资人做正确的行动,而业余投资人不断犯下错误,而且他们并不知道错在哪里。

* "中国顶级交易员访谈丛书"致力于通过十数年时间,遍访交易高手,汇集成交易经验的饕餮盛宴,以飨读者。访谈对象不以名气论英雄,而看重真材实料。其中有神秘莫测的做市商,有大型金融公司的操盘手,有业绩显赫的私募老总,有名不见经传的民间高手,有独辟蹊径的交易怪才……读者可以在对比阅读中各取所需,提取适合自己性格和经历的交易干货,站在巨人的肩膀上,尽快走向稳定盈利之路。

* 你不用犯下所有的错就可以真正学到正确的交易理念,这些正是这套丛书所要传达的。能够吸取那些最棒的前辈已经用实践证明的洞见,绝对是到达成功交易的最短路径。

延伸阅读

媲美《富爸爸穷爸爸》，教你如何提前退休

➡ 《财富自由之路：ETF定投的七堂进阶课》

作者：徐华康

*这本书适合那些愿意用二十年时间轻松简单地实现财务自由的人，而不是那些希望在三五年内快速实现财务自由的人

*什么东西一定会上涨？这么多年来，从股票到衍生品，除了纯粹的套利交易确定性较高外，只有指数在过去十几年来是一直向上的

*投资保守的失恋青年小刘，投资激进的过气女主播静静，神秘的客栈老板老徐，因缘际会相遇在大理，三个人，七堂课，在旅行的故事中走向属于自己的财富自由之路

国内第一本小说体期权交易实战指南

➡ 《我当交易员的日子：期权波动率交易核心策略与技巧》

作者：徐华康、王美超

*国内罕见的"小说体"期权交易实战指南

*浓缩两位操盘无数的期权"老鬼"的期权波动率交易经验，说透期权波动率交易的核心策略与技巧

*经验丰富的一线期权交易员在期权波动率交易中的所思、所想、所感、所悟，真实再现中国股票期权市场诞生以来的机会与风险

延伸阅读

比《华尔街幽灵》更真实，比《海龟交易法则》更有效

➡ 《交易的真相》

作者：极地之鹰

*毫不吝啬地和盘托出在交易之路上的经验和教训，层层递进地指出交易历程中存在的误区，一层层地剥掉投资领域里随处可见的"皇帝的新衣"，让"交易的真相"水落石出

*9年交易经验的交易员作者在书中完整公开了自己价值千金的交易系统，并经过历时半年的实验证明其有效性

*言简意赅，不啰嗦、不堆砌，通篇干货，思人所不能思，写人所不敢写

知乎作者赛博格Cyborg对交易系统框架、原理及构建的完美阐释

➡ 《交易的逻辑与艺术》

作者：陈侃迪

*作者将自己近年来在交易之路上的经验总结毫不吝啬地与读者分享，书中关于交易系统的四种情形和临界点、交易中不可能三角的描述分析，是国内难得的关于交易系统底层逻辑的原创思考

*只要在市场交易，你的交易系统就和市场状况、基本假设及仓位资金管理脱离不了关系，本书给了我们交易人最深刻的心灵深处的问题的解答

延伸阅读

"龙头战法"体系大厦的"四梁八柱"尽在此书

➡ 《情绪流龙头战法》

作者：杨 楠

*本书是关于龙头战法最为系统的书籍，虽然主要讲述的是龙头战法，但其中阐述的原理、思想以及相关知识，完全适用其他一切盈利模式。本书主要有三大部分，分别是《股市之我见》《情绪流龙头战法》和《股市天经》，涵盖了学习龙头战法绕不过去的"道"和"术"，是一本系统揭示龙头战法交易精髓的教材式书籍。

*股票大作手杰西·利弗莫尔："追随领头羊，集中精力研究当日行情里表现突出的那些股票。如果你不能从龙头股上赢得利润，那么你就不能从整个市场赢得利润。"

全球正在流行的专业金融交易系统

➡ 《一目均衡表》

作者：黄怡中

*全世界技术分析的鼻祖，备受欧美专业操盘人推荐，让你一眼看清趋势。

*以逻辑化、系统化视野，见人所未见，知人所未知，及时感知价格波动的平衡破坏与趋势性。

延伸阅读

➡ 《乌合之众：大众心理研究》

"《乌合之众》是一本可怕的书，他将社会大众的心理阴暗面毫不掩饰地暴露在阳光之下，别有用心的人甚至可以利用群体的种种心理弱点作为其权力与财富的抓手。"

——"金融大鳄"索罗斯

➡ 《大癫狂：非同寻常的大众幻想与群众性癫狂》

"数学不能控制金融市场，而心理因素才是控制市场的关键。更确切地说，只有掌握住群众的本能才能控制市场，即必须了解群众将在何时以何种方式聚在某一种股票货币或商品周围，投资者才有成功的可能。"

——"金融大鳄"索罗斯

"只要如此愚蠢的行为能够继续存在下去，那么一个真正理性的投资者始终有望利用大众的疯狂为自己谋利。具有常识的个体很容易觉察到集体的疯狂，个体将会借此获取巨额的利润。"

——查尔斯·麦基